O PIRRONISMO
DA HISTÓRIA

O PIRRONISMO DA HISTÓRIA

Voltaire

Tradução
MÁRCIA VALÉRIA MARTINEZ DE AGUIAR

SÃO PAULO 2007

Título original: LE PYRRHONISME DE L'HISTOIRE.
Copyright © 2007, Livraria Martins Fontes Editora Ltda.,
São Paulo, para a presente edição.

1ª edição 2007

Tradução
MÁRCIA VALÉRIA MARTINEZ DE AGUIAR

Revisão da tradução
Andréa Stahel M. da Silva
Acompanhamento editorial
Maria Fernanda Alvares
Revisões gráficas
Marisa Rosa Teixeira
Ana Maria de O. M. Barbosa
Dinarte Zorzanelli da Silva
Produção gráfica
Geraldo Alves
Paginação/Fotolitos
Studio 3 Desenvolvimento Editorial

Dados Internacionais de Catalogação na Publicação (CIP)
(Câmara Brasileira do Livro, SP, Brasil)

Voltaire, 1694-1778.
O pirronismo da história / Voltaire ; tradução Márcia Valéria Martinez de Aguiar. – São Paulo : WMF Martins Fontes, 2007. – (Voltaire vive)

Título original: Le pyrrhonisme de l'histoire
Bibliografia.
ISBN 978-85-60156-60-3

1. Filosofia francesa 2. História – Filosofia I. Título. II. Série.

07-5299 CDD-194

Índices para catálogo sistemático:
1. Filosofia francesa 194
2. Voltaire : Obras filosóficas 194

Todos os direitos desta edição reservados à
Livraria Martins Fontes Editora Ltda.
Rua Conselheiro Ramalho, 330 01325-000 São Paulo SP Brasil
Tel. (11) 3241.3677 Fax (11) 3101.1042
e-mail: info@martinsfontes.com.br http://www.wmfmartinsfontes.com.br

Índice

Apresentação... IX
Cronologia... XV

O PIRRONISMO DA HISTÓRIA

Capítulo I – Algumas dúvidas........................... 3
Capítulo II – Sobre Bossuet............................. 4
Capítulo III – Sobre a história eclesiástica de Fleury. 6
Capítulo IV – Da história judaica...................... 9
Capítulo V – Sobre os egípcios......................... 13
Capítulo VI – Sobre a história de Heródoto........... 16
Capítulo VII – Uso que se pode fazer de Heródoto.. 19
Capítulo VIII – Sobre Tucídides........................ 21
Capítulo IX – Época de Alexandre..................... 21
Capítulo X – Sobre as cidades sagradas............... 24
Capítulo XI – Sobre os outros povos novos........... 26
Capítulo XII – Sobre alguns fatos relatados em Tácito e Suetônio.. 29
Capítulo XIII – Sobre Nero e Agripina................ 32
Capítulo XIV – Sobre Petrônio......................... 36
Capítulo XV – Sobre os contos absurdos intitulados "história" desde Tácito................................. 40

Capítulo XVI – Sobre difamações...............................	42
Capítulo XVII – Sobre os escritores de partido.........	43
Capítulo XVIII – Sobre alguns contos........................	46
Capítulo XIX – Sobre a rainha Brunilda....................	47
Capítulo XX – Das doações de Pipinus ou Pepino, o Breve, à Igreja de Roma....................................	48
Capítulo XXI – Outras dificuldades a respeito da doação de Pepino aos papas.......................................	51
Capítulo XXII – Fábula; origem de todas as fábulas..	53
Capítulo XXIII – Sobre as doações de Carlos Magno.	55
Capítulo XXIV – Que Carlos Magno exerceu os direitos dos imperadores romanos..................................	58
Capítulo XXV – Sobre a forma do governo de Roma sob Carlos Magno..	59
Capítulo XXVI – Sobre o poder papal em Roma e sobre os patrícios..	60
Capítulo XXVII – Tolice infame do escritor que tomou o nome de Chiniac de La Bastide Duclaux, advogado no parlamento de Paris..................................	62
Capítulo XXVIII – Sobre uma calúnia abominável e uma impiedade horrível do pretenso Chiniac.......	64
Capítulo XXIX – Erro crasso de Chiniac...................	69
Capítulo XXX – Anedota histórica muito duvidosa..	72
Capítulo XXXI – Outra anedota ainda mais duvidosa.	73
Capítulo XXXII – Sobre Henrique IV........................	73
Capítulo XXXIII – Sobre a abjuração de Henrique IV.	74
Capítulo XXXIV – Equívoco sobre Henrique IV.......	75
Capítulo XXXV – Equívoco sobre o marechal d'Ancre..	76
Capítulo XXXVI – Reflexão..	77
Capítulo XXXVII – Do delfim Francisco...................	78
Capítulo XXXVIII – Sobre Samblançai.....................	79
Capítulo XXXIX – Sobre os templários.....................	80

Capítulo XL – Sobre o papa Alexandre VI 81
Capítulo XLI – Sobre Luís XIV 82
Capítulo XLII – Equívocos e dúvidas 82
Capítulo XLIII – Absurdo e horror............................. 84

Apresentação

Nos *Conselhos a um jornalista*, Voltaire, depois de dizer que o que os jornalistas mais gostam de discutir são os escritos históricos, exorta: "Inspira sobretudo aos jovens mais gosto pela história dos tempos recentes, que é para nós uma necessidade, do que pela antiga, que não passa de curiosidade; que cogitem que a [história] moderna tem a vantagem de ser mais certa, pelo próprio fato de ser moderna."[1]

Foi Voltaire o primeiro filósofo da história[2]. Muito jovem, sentiu-se atraído pela história, sobretudo a história moderna e contemporânea. Era ávido pelo testemunho oral. Foi inspirado, fundado em recitações e confidências que lhe fizeram atores e testemunhas dos acontecimentos que escreveu *Histoire de Charles XII roi de Suède* [História de Carlos XII, rei da Suécia], *Le Siècle de Louis XIV* [O século de Luís XIV], *Histoire de l'Empire de Russie sous Pierre le Grand* [História do Império de Rússia sob Pedro, o Grande].

Para Voltaire, portanto, as histórias modernas escritas pelos contemporâneos são mais certas, em geral, que as

---
1. São Paulo, Martins Fontes, 2006, p. 7.
2. *A filosofia da história*, São Paulo, Martins Fontes, 2007.

histórias antigas. É, por isso, cético quanto à história da antiguidade. Escreveu:

> Não temos historiadores antigos que tenham escrito uns contra os outros sobre um mesmo acontecimento: teriam semeado a dúvida sobre coisas que hoje consideramos incontestáveis. Por pouco verossímeis que sejam, respeitamo-las por duas razões: porque são antigas e porque não foram contraditas.[3]

Para escrever *Le Siècle de Louis XIV*, Voltaire interrogou notáveis senhores, antigas cortesãs e até mesmo serviçais sobre a vida privada de Luís XIV. Na *Histoire de Charles XII roi de Suède*, muito lhe confiou o famoso Barão Henri de Görtz sobre projetos, segredos e intrigas do rei. Foi seu favorito e primeiro-ministro. É através da Duquesa de Marlborough que conhece os detalhes de seu encontro com Carlos XII, o rei da Suécia.

Mas uma obra que prova que Voltaire era ávido pelo testemunho oral é a *Histoire de l'Empire de Russie sous Pierre le Grand*. Enquanto a escrevia costumava referir-se, como dívida, a um russo que vivia próximo das Délices e que havia sido ministro de Pedro, o Grande. Em carta de 19 de agosto de 1757 a d'Argental, diz: "Eu tenho à margem de meu lago um russo (M. de Wetsloff) que foi um dos ministros de Pedro, o Grande, para o comércio exterior. Ele tem muita inteligência, sabe todas as línguas, e me informa bem das coisas úteis."[4]

Era, vê-se, a história contemporânea o objeto da predileção de Voltaire. No entanto, ele não podia negligenciar a história do passado, antiga. Foi a isso levado por Ma-

---

3. *Conselhos a um jornalista*, op. cit., p. 9.
4. *Correspondance. Oeuvres complètes*, XXXIX, Paris, Garnier, 1878.

dame du Châtelet e suas prevenções, justas, em relação à história, na qual buscando apenas "verdades úteis", nela não encontrava nada além de "erros inúteis". E assim iniciou Voltaire, em Cirey, no castelo da amante, o *Essai sur les Moeurs* [Ensaio sobre os costumes].
No entanto, mesmo que não tivesse sido instigado por Madame du Châtelet a escrever o *Essai*, Voltaire o teria escrito, remontando os anos, como pondera Bellessort: "Todavia, sem Madame du Châtelet, ele haveria reconstituído o decorrer dos anos, pois a luta na qual havia se empenhado e que prosseguia com entusiasmo crescente exigia que conhecesse a história do mundo e que ligasse a guerra, na ruína dos séculos, a todas as formas de superstição, ou seja, de religião."[5]
Nenhum outro historiador procurou a verdade mais avidamente que Voltaire, ou esteve mais disposto a procurá-la, a encontrá-la. E a prova disso está nesta pequena obra, testemunho, diz Bellessort[6], "de sua independência e liberdade de espírito em relação a todas as autoridades da história". Não admite nenhuma afirmação sem prova[7]; reprova as fórmulas que procedem incessantemente de Tácito, de Suetônio:

> Perguntei-me algumas vezes lendo Tácito e Suetônio: todas as extravagâncias atrozes imputadas a Tibério, a Calígula, a Nero são realmente verdadeiras? [...] Presumo que o perspicaz Tácito e o contador de anedotas Suetônio desfrutavam de grande consolo caluniando seus senhores numa época em que ninguém se entretinha discutindo a verdade.[8]

....
5. A. Bellessort, *Essai sur Voltaire*, Paris, Perrin Éditeur, 1950.
6. *Op. cit.*
7. Capítulo XXXIV, p. 75.
8. Capítulo XII, p. 29.

No capítulo inicial, já observa o bacharel em teologia, a quem Voltaire atribui a autoria desta obra. "Orgulho-me de ter as mesmas opiniões do autor do *Essai sur les Moeurs et l'Esprit des nations*: não quero nem um pirronismo extremo nem uma credulidade ridícula; ele pretende que os fatos principais podem ser verdadeiros, e os detalhes, muito falsos."

Para Voltaire, primeiro filósofo da história, tudo na história pode ser contestado se se acredita "mais na própria razão que nos livros"; lembra o suposto autor desta obra, bacharel em teologia:

> Mostrou que, se estátuas, templos, cerimônias anuais, jogos, mistérios instituídos fossem uma prova, seguir-se-ia que Castor e Pólux combateram efetivamente pelos romanos; que Júpiter os deteve na fuga; que os *Fastos* de Ovídio são testemunhos irrefutáveis de todos os milagres da antiga Roma e que todos os templos da Grécia eram arquivos da verdade.[9]

Não é extremo o pirronismo da história em Voltaire, mas põe no ridículo toda credulidade. No final do capítulo V, escreve:

> O mundo é velho, mas a história é de ontem. A que chamamos de *antiga*, e que é de fato muito recente, mal remonta a quatro ou cinco mil anos; temos apenas, antes dessa época, algumas probabilidades, que nos foram transmitidas pelos anais dos brâmanes, pela crônica chinesa, pela história de Heródoto. [...] [Este,] mais interessante para nós, fala da Terra então conhecida. Recitando para os gre-

---

9. Capítulo I, p. 4.

gos os nove livros de sua história, encantou-os pela novidade da empreitada, pela beleza de sua dicção e principalmente pelas fábulas.

No capítulo IX, tratando da época de Alexandre, educado por Aristóteles, e a quem Pírron de Élis seguiu ao Oriente, Voltaire acentua o pirronismo da história, e lastima:

> Se Quinto Cúrcio não tivesse desfigurado a história de Alexandre com mil fábulas, que foram repetidas em nossos dias por tantos declamadores, Alexandre seria o único herói da antiguidade de quem teríamos uma história verdadeira.

Em todas as páginas desta pequena, notável obra de história antiga, o exagerado, o monstruoso encontra em Voltaire um prudente, sensato cético, desde o título, inspirado em Pírron de Élis, filósofo grego. Natural que no *Dicionário filosófico*[10], no *article* sobre a história, ele tenha dito que "as verdades históricas nada mais são do que probabilidades". No entanto, Voltaire tomará todas as precauções para chegar a probabilidades racionais, satisfatórias.

ACRÍSIO TÔRRES

---

10. Edição integral em preparação pela Martins Fontes Editora.

Cronologia

1572. 24 de agosto: Noite de São Bartolomeu. Por ordem do rei Carlos IX, encorajado por sua mãe Catarina de Médicis, massacre dos protestantes em Paris e nas províncias.
1598. 13 de abril: Henrique IV põe fim às guerras de religião pelo Edito de Nantes. A liberdade de culto é garantida aos protestantes sob certas condições.
1643-1715. Reinado de Luís XIV.
1685. 18 de outubro: revogação do Edito de Nantes por Luís XIV. A religião reformada é proibida no reino da França. Os protestantes convertidos à força são tidos como "novos católicos".
1694. Em 22 de novembro (ou 20 de fevereiro, segundo Voltaire), nasce em Paris François-Marie Arouet, terceiro filho de François Arouet, conselheiro do rei e antigo tabelião do Châtelet em Paris, e de Marie-Marguerite Daumart, ambos da alta e antiga burguesia.
1701. Morte da mãe de Voltaire, que encontra na irmã, oito anos mais velha, uma segunda mãe a quem sempre amará com ternura.
1702. Guerra de Sucessão na Espanha.
1702-10. Revolta dos *camisards*, camponeses protestantes das Cevenas.

1704. Entrada no colégio Louis-le-Grand, dirigido por jesuítas, onde Voltaire adquire sólida cultura e torna-se amigo de herdeiros das melhores famílias da nobreza, lá estudando durante sete anos.
1706. O príncipe Eugênio e Marlborough apoderam-se de Lille.
1710. Leibniz: *Essais de Théodicée sur la bonté de Dieu, la liberté de l'homme et l'origine du mal* [Ensaios de teodicéia sobre a bondade de Deus, a liberdade do homem e a origem do mal].
1710-12. O convento dos religiosos cistercienses de Port Royal des Champs (vale de Chevreuse), reduto do jansenismo, é destruído por ordem de Luís XIV. Os soldados devastam o cemitério. Cenas escandalosas.
1711. Inscrição na faculdade de Direito, conforme o desejo do pai. Mas o jovem turbulento quer ser poeta, freqüenta o círculo dos libertinos do palácio do Templo, envia uma ode ao concurso anual da Academia.
1712. Nascimento de Jean-Jacques Rousseau.
Nascimento de Frederico II, rei da Prússia.
1713. O jovem Arouet abandona a faculdade. Arrumam-lhe um posto na embaixada francesa na Holanda, do qual é despedido por namorar uma protestante. A descoberta da sociedade holandesa, liberal, ativa e tolerante, deixa-o encantado.
Nascimento de Denis Diderot.
Estada de Voltaire em Haia como secretário do embaixador da França.
8 de setembro: Luís XIV obtém do papa Clemente XI a bula ou constituição *Unigenitus* que condena o jansenismo.
Paz de Utrecht.

1715-23. Regência do duque de Orléans.
1716. Exílio em Sully-sur-Loire, por um poema satírico contra o Regente.
1717. São-lhe atribuídos dois poemas satíricos: o segundo (*Puero regnante*) é dele. Por ordem do Regente é enviado à Bastilha, onde fica preso onze meses. Aproveita o tempo para ler Virgílio e Homero, para continuar a *Henriade* [Henríada] e *Oedipe* [Édipo].
1718. Sai da prisão em abril e até outubro deve permanecer fora de Paris. A tragédia *Oedipe* faz imenso sucesso. O Regente, a quem a peça é dedicada, concede-lhe uma gratificação. É consagrado como grande poeta, passa a assinar Voltaire.
1720-22. Voltaire faz excelentes negócios e aplicações que lhe aumentam a fortuna herdada do pai, falecido em 1722. Tem uma vida mundana intensa.
1721. Montesquieu: *Lettres persanes* [*Cartas persas*]. Em Londres, Robert Walpole torna-se primeiro-ministro; ocupará o cargo até 1742.
1722. Voltaire faz uma viagem à Holanda: admira a tolerância e a prosperidade comercial desse país.
1723. Publicação, sem autorização da censura, de *La ligue* [A liga] (primeira versão de *Henriade*), poema épico.
1723-74. Reinado de Luís XV.
1724. Nascimento de Kant.
1725. Voltaire consegue ser admitido na Corte. Suas tragédias *Oedipe, Marianne* [Mariana] e a nova comédia *L'Indiscret* [O indiscreto] são representadas nas festas do casamento do rei.
1726. Voltaire discute com o cavaleiro de Rohan, que alguns dias depois manda empregados espancarem-

no. Voltaire se indigna, quer um duelo, sendo mandado à Bastilha (17 de abril). Quinze dias depois é forçado a partir para a Inglaterra, onde permanece até fins de 1728. Após um período difícil, adapta-se e faz amizades nos diversos meios da aristocracia liberal e da política, entre os intelectuais. O essencial das experiências inglesas será condensado para o público francês nas *Lettres philosophiques* [*Cartas filosóficas*], concebidas nessa época: não a descoberta, mas o reconhecimento entusiasta de uma sociedade progressista na qual já estavam em andamento os novos valores da "filosofia das Luzes", a tolerância, a liberdade de pensamento, o espírito de reforma de empreendimento. Jonathan Swift: *Gulliver's Travels* [*Viagens de Gulliver*].

1727. Publicação de dois ensaios redigidos em inglês: *An Essay on the Civil Wars of France* [Um ensaio sobre as guerras civis na França] e *An Essay on Epic Poetry* [Um ensaio sobre a poesia épica].

1728. Voltaire dedica à rainha da Inglaterra a nova *Henriade*, editada em Londres por subscrição. Em outubro volta à França.

1729-30. Voltaire se lança em especulações financeiras, um tanto tortuosas mas legais na época, que lhe renderão o bastante para viver com conforto e independência. Representação da tragédia *Brutus* [Brutus]. Escreve uma ode sobre a morte de Adrienne Lecouvreur, atriz sua amiga, que uma dura tradição religiosa privou de sepultura cristã.

1731-32. Impressão clandestina de *Histoire de Charles XII* [História de Carlos XII], cuja imparcialidade desagradou ao poder, e que alcança grande sucesso. Sucesso triunfal de *Zaïre* [Zaire], tragédia que será representada em toda a Europa.

1733. Publicação de *Le temple du goût* [O templo do gosto], obra de crítica literária e afirmação de um gosto independente que desafia os modos oficiais e levanta polêmicas. Início da longa ligação com a sra. du Châtelet.

1734. *Lettres philosophiques*, impressas sem autorização legal, causam grande escândalo: o livro é apreendido e Voltaire ameaçado de prisão. Refugia-se no castelo dos Châtelet, em Cirey-en-Champagne, a algumas horas de fronteiras acolhedoras. Por mais de dez anos, Cirey será o abrigo que lhe permitirá manter-se à distância das ameaças da autoridade.

Montesquieu: *Considérations sur les causes de la grandeur des Romains et de leur décadence* [Considerações sobre as causas da grandeza dos romanos e de sua decadência].

Johann Sebastian Bach: *Weihnachtsoratorium* [Oratório de Natal].

1735-36. Breves temporadas em Paris, com fugas ante ameaças de prisão. Representação das tragédias *La mort de César* [A morte de César] (adaptada de Shakespeare) e *Alzire* [Alzira]. Publicação do poema *Mondain* [Mundano], impertinente provocação às morais conformistas. Um novo escândalo, mais uma fuga, desta vez para a Holanda. Início da correspondência entre Voltaire e o príncipe real Frederico da Prússia.

1737-39. Longas temporadas em Cirey, onde Voltaire divide o tempo entre o trabalho e os divertimentos com boas companhias. Aplica-se às diversas atividades de "filósofo": as ciências (interessa-se pela difusão do newtonismo); os estudos bíblicos; o teatro e os versos (começa *Mérope* [Merope], adianta *Discours sur l'homme* [Discurso sobre o homem]); a história da civilização (*Siècle de Louis XIV* [Século de Luís XIV]). Tudo entremeado de visitas, negócios, processos judiciais e discussões com literatos. Viagem com a sra. du Châtelet à Bélgica e à Holanda, onde representa Frederico da Prússia entre os livreiros de Haia, para a impressão de *Anti-Machiavel* [Anti-Maquiavel], escrito pelo príncipe filósofo. É editada uma coletânea dos primeiros capítulos do *Siècle de Louis XIV*, que é apreendida.

1740. Primeiro encontro de Voltaire com Frederico, nesse ano coroado rei da Prússia em Clèves. O rei leva-o a Berlim e quer segurá-lo na corte, mas só o retém por algumas semanas.

1741-43. Estréia de duas tragédias, *Mahomet* [Maomé] e *Mérope*, com grande sucesso, a primeira escandaliza os devotos de Paris e é retirada de cena. Voltaire intercala temporadas em Cirey com viagens a Bruxelas. Cumpre missões diplomáticas oficiosas junto a Frederico II, que insiste com o filósofo para que se estabeleça na Prússia.

1743. Nascimento de Lavoisier.

1744-46. Fortalecido pelos serviços diplomáticos prestados, Voltaire reaproxima-se da Corte. Torna-se o poeta da corte, sustentado pelo apoio de Madame de Pompadour, de quem fora confidente. São anos de glória oficial: *Princesse de Navarre* [Princesa de Navarra] é encenada no casamento do delfim; é no-

meado historiógrafo do rei; o papa aceita a dedicatória de *Mahomet*; é eleito para a Academia Francesa.
1747-48. Uma imprudente impertinência de Voltaire traz-lhe o desfavor na corte. Refugia-se no castelo de Sceaux, da duquesa de Maine. Publicação da primeira versão de *Zadig* [Zadig] em Amsterdam, de *Babouc* [Babuc] e *Memnon* [Memnon]. Passa temporadas em Lunéville, na corte do rei Estanislau. Foi um dos piores momentos de sua vida: minado pela doença, solitário, incerto do futuro e mesmo de moradia.
1748. Hume: *Philosophical Essays Concerning Human Understanding* [Ensaios filosóficos sobre o entendimento humano].
Montesquieu: *L'esprit des lois* [*O espírito das leis*].
1749. Morte de Émilie du Châtelet em Lunéville. Voltaire volta a Paris e instala-se na casa de sua sobrinha viúva, a sra. Denis. Reata com antigos amigos, freqüenta os meios teatrais.
Nascimento de Goethe.
1750. J.-J. Rousseau: *Discours sur les sciences et les arts* [*Discurso sobre as ciências e as artes*].
1750-51. Cartas de Frederico II, prometendo favores, amizade e fortuna, levam Voltaire a resolver mudar para a Prússia. A acolhida é calorosa, mas logo começam as desavenças. Em Berlim e em Potsdam, Voltaire sente-se vigiado, obrigado a agradar, porém trabalha à vontade quando se mantém afastado: termina *Le siècle de Louis XIV*, iniciado havia vinte anos.
1751. Início da publicação da *Encyclopédie* [Enciclopédia].
1752. Publicação de *Micromégas* [*Micrômegas*].

1752-53. A permanência em Potsdam torna-se cada vez mais difícil. Voltaire escreve um panfleto (*Diatribe du docteur Akakia* [Diatribe do doutor Akakia]) contra Maupertuis, presidente da Academia de Berlim, defendido por Frederico II, que manda queimar em público o libelo. Em março de 53 Voltaire consegue permissão para deixar Berlim com o pretexto de ir para uma estação de águas. Volta à França por etapas; mas uma ordem de Frederico II o retém como prisioneiro durante cinco semanas em Frankfurt, por causa de um exemplar da obra de poesia do rei que o filósofo levara consigo. Essa humilhação convence-o da necessidade de armar-se para a independência.

1755. Depois de uma tentativa malograda de instalar-se em Colmar, na Alsácia, quando teve contra si os religiosos, os devotos e os fiéis, Voltaire instala-se na Suíça. Compra a propriedade Délices, perto de Genebra, descobre a natureza e a vida rústica, mas não deixa de montar espetáculos teatrais em casa, para escândalo do austero Grande Conselho de Genebra. Participa da *Encyclopédie*, fornecendo artigos até 1758, quando opta por formas mais diretas de propaganda.
Terremoto de Lisboa.
J.-J. Rousseau: *Discours sur l'origine et les fondements de l'inégalité parmi les hommes* [*Discurso sobre a origem e os fundamentos da desigualdade entre os homens*].

1756. Sempre ativo, a despeito da idade, convivendo bem com os genebrinos, o filósofo é feliz. Abalado pelo terremoto de Lisboa, escreve *Poème sur le désastre de Lisbonne* [Poema sobre o desastre de Lisboa], atacando a Providência e o otimismo filosófico. Lança *Poème sur la loi naturelle* [Poema sobre a lei natural], que escandaliza pelo deísmo. Entrega à publicação a síntese de *Essai sur les moeurs* [Ensaio sobre os costumes]. Início da Guerra dos Sete Anos. J.-J. Rousseau escreve *Lettre à Voltaire sur la Providence* [Carta a Voltaire sobre a Providência], contra o *Poème sur le désastre de Lisbonne.*

1757. A correspondência de Voltaire torna-se o eco de seu século. Afeta indiferença, mas não cessa de lutar por seus ideais. Executam o almirante Byng, na Inglaterra, por quem Voltaire intercedera o ano anterior. Um louco atenta contra a vida de Luís XV. Os partidos religiosos se engalfinham na França, mas se unem contra os enciclopedistas. O artigo "Genève" [Genebra] provoca indignação em Genebra, ameaçando o agradável retiro do filósofo. Voltaire reata a correspondência com Frederico II.

1758. Voltaire trabalha para completar e reformular *Essai sur les moeurs*, acentuando a orientação militante da obra. Tenta conciliar o grupo dos enciclopedistas; não o conseguindo, cessa de colaborar em junho. A guerra européia se alastra, apesar das tentativas do filósofo de aproximar Berlim e Versailles. Complicam-se as relações entre o filósofo e a cidade de Genebra. Compra as terras de Ferney, na fronteira da Suíça, mas território francês, para onde se muda acompanhado da sobrinha, a sra. Denis. Escreve *Candide* [Cândido] e umas Memórias, depois abandonadas.

J.-J. Rousseau: *Lettre sur les spectacles* [Carta sobre os espetáculos], em resposta ao artigo "Genève".

1759. Publicação de *Candide*, em janeiro, logo condenado mas com imenso sucesso. A condenação da *Encyclopédie* intensifica as suas polêmicas contra os adversários dos filósofos: *Relation de la maladie, de la confession, de la mort, et de l'apparition du jésuite Berthier* [Relação da doença, da confissão, da morte e da aparição do jesuíta Berthier]; *Le pauvre diable* [O pobre diabo] (1758) contra Fréron; *La vanité* [A vaidade], sátira contra Lefranc e Pompignan, autor de poesias sacras. Leva vida intensa, dividindo-se entre Délices e Ferney.

1760. Em dezembro, Voltaire instala-se definitivamente em Ferney. Assume, diante da opinião de seu tempo, uma espécie de ministério do progresso "filosófico". Franklin: invenção do pára-raio. Diderot: *La religieuse* [*A religiosa*].

1761. As *Lettres sur la Nouvelle Héloïse* [Cartas sobre a nova Heloísa], sob a assinatura do marquês de Ximènes, ridicularizando o romance *Julie, ou la Nouvelle Héloïse* [*Júlia, ou a nova Heloísa*], publicado no mesmo ano, marcam o início das hostilidades públicas com J.-J. Rousseau. Colaboração numa edição comentada do teatro de Corneille, que servirá para dar o dote de uma sobrinha-neta do autor clássico, adotada por Voltaire.

1762. Jean-Jacques Rousseau: *Le contrat social* [*O contrato social*] e *Émile ou De l'éducation* [*Emílio ou Da educação*].

1762-63. Ampliação da propaganda deísta, com a publicação de dois textos polêmicos: *Le sermon des cin-*

quante [O sermão dos cinqüenta] e *Extrait du testament du curé Meslier* [Resumo do testamento do padre Meslier]. Em 10 de março, o protestante Jean Calas, acusado falsamente da morte do filho, é executado em Toulouse, Voltaire lança-se numa campanha para reabilitá-lo, conseguindo a revisão do processo (1765). Para esse fim escreve *Traité sur la tolérance* [Tratado sobre a tolerância].

1764. Representação, em Paris, da tragédia *Olympie* [Olímpia], que como as anteriores desde *Tancrède* [Tancredo] (1760) não obtém sucesso. Publicação do *Dictionnaire philosophique portatif* [Dicionário filosófico de bolso], concebido em 1752 na Prússia, um instrumento de propaganda largamente difundido. A uma acusação das *Lettres sur la montagne* [Cartas sobre a montanha], de Rousseau, Voltaire replica com o cruel panfleto *Sentiment des citoyens* [Sentimento dos cidadãos].

1765. Voltaire acolhe a reabilitação de Calas como "uma vitória da filosofia". A partir daí, solicitado ou por iniciativa própria, intervirá em causas desse gênero quase todos os anos. Publicação de *La philosophie de l'histoire* [A filosofia da história]. Encarrega-se da defesa da família Sirven, sendo ajudado financeiramente em sua ação judiciária pelos reis da Prússia, da Polônia, da Dinamarca e por Catarina da Rússia. *Conseils à un journaliste* [Conselhos a um jornalista] é impresso no tomo I de *Nouveaux mélanges* [Novas miscelâneas].

1766. Condenação e execução do cavaleiro De la Barre por manifestações libertinas à passagem de uma procissão religiosa. Encontram um *Dictionnaire philosophique* [Dicionário filosófico] na casa do cavaleiro, e atribuem a sua atitude irreverente à influência dos filósofos. Voltaire assusta-se e passa para a Suíça; de volta a Ferney, empreende a reabilitação de De la Barre.

1767. Publicação de *Anecdote sur Bélisaire* [Histórias sobre Belisário] e *Questions de Zapatta* [Questões de Zapatta] (contra a Sorbonne), *Le dîner du comte de Boulainvilliers* [O jantar do conde de Boulainvilliers] (contra o cristianismo), *L'ingénu* [O ingênuo] e *Recueil nécessaire* [Compilação necessária], do qual faz parte *Le tombeau du fanatisme* [O túmulo do fanatismo].

1768. Publicação de *Précis du siècle de Louis XV* [Síntese do século de Luís XV], *La princesse de Babylone* [A princesa de Babilônia], *L'Homme aux quarante écus* [O homem dos quarenta escudos], *Les singularités de la nature* [As singularidades da natureza] (espécie de miscelânea de filosofia das ciências).

1769. *Le pyrrhorisme de l'histoire* [O pirronismo da história] é publicado pela primeira vez na coletânea intitulada *L'Évangile du jour* [O Evangelho do dia].

1770. Voltaire lança ao ministério francês a idéia de facilitar o estabelecimento de refugiados genebrinos em Versoix, na França, o que ativaria a indústria e o comércio, fazendo concorrência a Genebra. Sem ajuda oficial, com sua imensa fortuna, Voltaire conseguiu realizar isso em pequena escala. Como um patriarca, adorado de seus protegidos, cuida de questões administrativas e de obras públicas da região de Gex, onde fica Ferney. Em Paris, é feita subscrição pública para a estátua de Voltaire executada por Pigalle; J.-J. Rousseau está entre os subscritores. Nascimento de Hegel.

1771-72. Pela segunda vez, Voltaire compõe um dicionário, acerca de suas idéias, convicções, gosto, etc. São os nove volumes de *Questions sur l'Encyclopédie* [Questões sobre a Enciclopédia], publicados à medida que eram terminados. Publicação de *Épître à Horace* [Epístola a Horácio].
1772. Fim da publicação da *Encyclopédie*.
1773. Sem abandonar suas lutas nem sua direção filosófica (ao que dedica há anos a sua correspondência), deixa diminuir a produção literária, sofre graves acessos de estrangúria em fevereiro e março. Contudo, sustenta, com *Fragments historiques sur l'Inde* [Fragmentos históricos sobre a Índia], os esforços do conde Lally-Tollendal para a reabilitação do pai, injustamente condenado à morte em 1766.
O papa Clemente XIV dissolve a ordem dos jesuítas.
1774. Em agosto, o enciclopedista Turgot é nomeado controlador geral das finanças; suas medidas de liberalização do comércio dos grãos são acolhidas com entusiasmo em Ferney.
Morte de Luís XV.
1774-92. Reinado de Luís XVI.
1776. Voltaire sustenta a política econômica de Turgot até a sua queda (maio de 1776), que deplorará como uma derrota da filosofia do século. Publicação da tragédia *Don Pèdre* [Dom Pedro], não encenada, e dos dois contos *Les oreilles du comte de Chesterfield* [Os ouvidos do conde Chesterfield], e a curiosa *Histoire de Jenni* [História de Jenni], contra as audácias do ateísmo e do materialismo modernos. Em dezembro, um édito de Turgot concede à região de Gex uma reforma fiscal solicitada por Voltaire havia anos.

Fruto de trinta anos de crítica apaixonada da Bíblia e de sua exegese, é publicado *La Bible enfin expliquée* [A Bíblia enfim explicada]. Declaração de independência das colônias inglesas na América. Thomas Paine: *The Common Sense* [Senso comum]. Adam Smith: *The Wealth of Nations* [A riqueza das nações].

1777. Os *Dialogues d'Évhémère* [Diálogos de Évhémère], última volta ao mundo filosófico de Voltaire.

1778. Já doente, Voltaire chega a Paris em fevereiro. Dez dias de visitas e homenagens ininterruptas deixam-no esgotado. Fica acamado três semanas, confessa-se e recebe a absolvição, depois de submeter-se a uma retratação escrita, declarando morrer na religião católica. É a última batalha do velho lutador: a insubmissão, com o risco de ser jogado na vala comum após a morte, ou a submissão, com a negação de sua obra e de sua influência. Mal se restabelece, recomeça a roda-viva. 30 de março é seu dia de apoteose com sessão de honra na Academia e representação triunfal da tragédia *Irène* [Irene]. Em 7 de abril é recebido maçom na loja das Neuf-Soeurs. Esgota-se redigindo um plano de trabalho para a Academia. Morre no dia 30 de maio e, apesar das interdições, é enterrado em terra cristã, na abadia de Scellières, em Champagne.

Morte de Rousseau, em 2 de julho.

1791. Em 12 de julho as cinzas de Voltaire são transferidas ao Panthéon, em meio à alegria popular.

O PIRRONISMO DA HISTÓRIA
por um bacharel em teologia
(1768)

Capítulo I
Algumas dúvidas

Orgulho-me de ter as mesmas opiniões do autor do *Essai sur les Moeurs et l'Esprit des nations* [Ensaio sobre os costumes e o espírito das nações]: não quero nem um pirronismo extremo nem uma credulidade ridícula; ele pretende que os fatos principais podem ser verdadeiros, e os detalhes, muito falsos. Pode ter havido um príncipe egípcio chamado de Sesóstris pelos gregos, que mudaram todos os nomes do Egito e da Ásia, como os italianos dão o nome de *Londra* a *London*, que nós chamamos de *Londres*, e de *Luigi* aos reis da França chamados *Louis*. Mas, se existiu um Sesóstris, nada garante que seu pai tenha destinado todas as crianças egípcias nascidas no mesmo mês que o filho a serem um dia, junto com ele, os conquistadores do mundo. Poderíamos mesmo duvidar que fizesse essas crianças correrem cinco ou seis léguas todas as manhãs, antes de lhes dar o almoço.

O abandono de Ciro na infância, os oráculos feitos a Creso, a aventura das orelhas do mago Smerdis, o cavalo de Dario, que tornou seu mestre rei, e todos os ornamentos da história poderiam ser contestados por pessoas que acreditassem mais na própria razão que nos livros.

Ele ousou dizer, e mesmo provar, que os mais célebres monumentos, as festas, as comemorações mais solenes não comprovam de modo algum a verdade dos pretensos acontecimentos transmitidos de século em século à credulidade humana por essas solenidades.

Mostrou que, se estátuas, templos, cerimônias anuais, jogos, mistérios instituídos fossem uma prova, seguir-se-ia que Castor e Pólux combateram efetivamente pelos romanos; que Júpiter os deteve na fuga; que os *Fastos* de Ovídio são testemunhos irrefutáveis de todos os milagres da antiga Roma e que todos os templos da Grécia eram arquivos da verdade.

Ver o resumo de seu *Essai sur les Moeurs et l'Esprit des nations*.

Capítulo II
Sobre Bossuet

Estamos num século em que foram destruídos quase todos os erros de física. Já não é permitido falar do empíreo, nem dos céus cristalinos, nem da esfera de fogo no círculo da lua. Por que seria permitido a Rollin, aliás tão estimável, embalar-nos com todos os contos de Heródoto e nos apresentar, como história verídica, um conto apresentado por Xenofonte como conto? E repisar, repetir a fabulosa infância de Ciro e suas pequenas prestidigitações, e a graça com que *servia bebidas ao pai Astíages*, que nunca existiu?

Ensinam a todos nós, em nossos primeiros anos, uma cronologia demonstradamente falsa; dão-nos mestres de todo gênero, exceto mestres de pensamento. Mesmo os homens mais sábios, mais eloqüentes, muitas vezes só serviram para adornar o trono do erro, em vez de derrubá-lo. Bossuet é um grande exemplo disso, em sua pretensa *História universal*, que é apenas a de quatro ou cinco povos, principalmente da pequena nação judia, ignorada ou justamente desprezada pelo resto da Terra, à qual, entretanto, ele remete todos os acontecimentos e para a qual diz que tudo foi feito, como se um escritor da Cornualha dissesse que tudo aconteceu no império romano em função da província de Gales. É um homem que engasta continuamente pedras falsas em ouro. O acaso me faz cair, nesse momento, numa passagem de sua *História universal*, na qual fala das heresias. *Essas heresias*, diz ele, *tão preditas por Jesus Cristo*... Não diríamos, a essas palavras, que Jesus Cristo falou em cem lugares das diferentes opiniões que deviam se elevar ao longo dos tempos sobre os dogmas do cristianismo? Contudo, a verdade é que não falou delas em lugar nenhum: a própria palavra *heresia* não está em nenhum evangelho e decerto não devia estar, já que a palavra *dogma* não existe neles. Não tendo anunciado por si mesmo nenhum dogma, Jesus não podia anunciar nenhuma heresia. Nunca disse nem em seus sermões, nem a seus apóstolos: "Acreditareis que minha mãe é virgem; acreditareis que sou consubstancial a Deus; acreditareis que tenho duas vontades; acreditareis que o Espírito Santo procede do Pai e do Filho; acreditareis na transubstanciação; acreditareis que se pode resistir à graça eficaz, e que ninguém resiste a ela."

Em suma, não existe nada, no Evangelho, que tenha a menor relação com os dogmas cristãos. Deus quis que seus discípulos e os discípulos de seus discípulos os anunciassem, os explicassem ao longo dos séculos; mas Jesus nunca disse uma palavra sobre esses dogmas então desconhecidos, nem sobre as contestações que suscitaram muito tempo depois dele.

Falou dos falsos profetas, como todos os seus predecessores: "Guardai-vos dos falsos profetas"; mas isso seria designar, especificar as contestações teológicas, as heresias sobre pontos concretos? Bossuet abusa aqui visivelmente das palavras; isso só seria perdoável em Calmet e em comentadores desse naipe.

Por que Bossuet impôs tão ousadamente tais coisas? Por que ninguém reparou nessa infidelidade? Porque ele tinha absoluta certeza de que a nação só leria superficialmente sua bela declamação universal e de que os ignorantes acreditariam em sua palavra, palavra eloqüente e por vezes enganadora.

Capítulo III
Sobre a história eclesiástica de Fleury

Vi uma estátua de argila na qual o artista misturara algumas folhas de ouro; separei o ouro e joguei fora a argila. Essa estátua é a *Histoire ecclésiastique* [História eclesiástica] compilada por Fleury, adornada com alguns discursos isolados nos quais vemos brilhar lampejos de liberdade e verdade, enquanto o corpo da história é maculado por contos que, hoje, uma velha senhora enrubesceria de repetir.

Uma vez é um Teodoro, cujo nome é mudado para Gregório Taumaturgo, que, na juventude, instado publicamente por uma moça da vida a pagar-lhe o dinheiro de seus encontros verdadeiros ou falsos, fez-lhe entrar o diabo no corpo como salário. São João e a santa Virgem vêm em seguida explicar-lhe os mistérios do cristianismo. Assim que instruído, ele escreve uma carta ao diabo e a coloca num altar pagão; a carta é entregue ao destinatário e o diabo faz pontualmente o que Gregório determina. Depois, ele faz as pedras se moverem, como Anfion. É escolhido como juiz por dois irmãos que disputavam uma lagoa e, para conciliá-los, faz desaparecer a lagoa; transforma-se em árvore como Proteu; encontra um carvoeiro chamado Alexandre e torna-o bispo: eis provavelmente a origem da fé do carvoeiro.

Outra vez é um são Romão, que o imperador Diocleciano manda lançar à fogueira. Alguns judeus, que estavam presentes, zombam de são Romão e dizem que o deus deles libertara das chamas Sidrac, Misac e Abdenago, mas que o pequeno são Romão não seria libertado pelo deus dos cristãos. Imediatamente cai uma grande chuva que apaga a fogueira, para vergonha dos judeus. O juiz, irritado, condena são Romão a perder a língua (aparentemente por ter-se servido dela para pedir a chuva). Um médico do imperador, chamado Ariston, que se achava presente, corta imediatamente a língua de são Romão até a raiz. Assim que o rapaz, que nascera gago, teve a língua cortada, começou a falar com incrível volubilidade. "Você deve ser bem inábil", diz o imperador ao médico, "e não deve saber cortar línguas." Ariston garante que executou perfeitamente a operação e que Romão deveria estar morto em vez de estar falando tanto. Para provar, pega um passante, corta-lhe a língua, e o passante morre.

Uma terceira vez é um taberneiro cristão chamado Teodoto que implora a Deus a morte de sete virgens cristãs de setenta anos, condenadas a deitar-se com os rapazes da cidade de Ancira. O abade Fleury deveria ao menos perceber que os rapazes haviam sido mais condenados do que elas. De qualquer modo, são Teodoto implora a Deus a morte das sete virgens; Deus atende o pedido. Elas são afogadas num lago; são Teodoto vai resgatá-las, auxiliado por um cavaleiro celeste que vem a seu encontro. Após o que tem o prazer de enterrá-las, tendo, na qualidade de taberneiro, embriagado os soldados que as vigiavam.

Tudo isso se encontra no segundo tomo da *Histoire de Fleury*, e todos os volumes estão repletos desses contos. Seria para insultar o gênero humano e, eu ousaria dizer, para insultar o próprio Deus, que o confessor de um rei ousou escrever esses detestáveis absurdos? Acaso dizia, em segredo, a seu século: Todos meus contemporâneos são imbecis, eles lerão e acreditarão em mim? Ou dizia: Os mundanos não me lerão, os devotos imbecis me lerão superficialmente, e isso me basta?

Finalmente, o autor dos Discursos pode ser o autor dessas vergonhosas baboseiras? Pretendia, atacando as usurpações papais em seus discursos, persuadir que era bom católico narrando inépcias que desonram a religião? Digamos, para justificá-lo, que as narra como as encontrou e que nunca diz acreditar nelas. Sabia bem demais que os absurdos monacais não são artigos de fé; e que a religião consiste na adoração de Deus, numa vida pura, nas boas obras, e não numa credulidade imbecil em tolices do *Pedagogo cristão*. Em suma, devemos perdoar ao sábio Fleury por ter pago esse vergonhoso tributo. Ele o compensou com a bela multa honorável que foram seus discursos.

O abade de Longuerue diz que, quando Fleury começou a escrever a *Histoire ecclésiastique*, ele a conhecia muito mal. Provavelmente instruiu-se trabalhando, o que é muito comum; não é comum, porém, fazer discursos tão políticos e tão sensatos depois de ter escrito tantas tolices. Sendo assim, o que aconteceu? Seus excelentes discursos foram condenados e suas estupidezes muito bem acolhidas em Roma: quando digo bem acolhidas, isso não quer dizer que são lidas, pois não se lê em Roma.

Capítulo IV
Da história judaica

É uma grande questão entre muitos teólogos saber se os livros puramente históricos dos judeus foram inspirados, pois, quanto aos livros de preceitos e às profecias, nenhum cristão duvida disso, e os próprios profetas dizem unanimemente que escrevem em nome de Deus: assim, não podemos deixar de acreditar nas palavras deles sem grande impiedade; mas trata-se de saber se Deus realmente foi, em todos os tempos, o historiador do povo judeu.

Leclerc e outros teólogos da Holanda pretendem que nem mesmo era necessário que Deus se dignasse a ditar todos os anais hebraicos e que deixou esta parte à ciência e à fé humana. Grócio, Simon e Dupin compartilham esse sentimento. Pensam que Deus dispôs unicamente o espírito dos escritores para anunciar apenas a verdade. São desconhecidos os autores do livro dos *Juízes*, dos *Reis* e dos *Paralipômenos*. Os primeiros escritores hebreus citam, além disso, outros livros que foram perdidos, como as *Guerras do Senhor*[1], *O homem reto* ou *O livro dos justos*[2], os *Dias de Salomão*[3] e os *Anais dos reis de Israel e Judá*[4]. Há, sobretudo, textos difíceis de conciliar: por exemplo, vemos no *Pentateuco* que os judeus fizeram sacrifícios no deserto ao Senhor e que sua única idolatria foi a do bezerro de ouro; contudo está dito em Jeremias[5], em Amós[6] e nos discursos de santo Estêvão[7] que adoraram por quarenta anos o deus Moloch e o deus Refã e que não ofereceram sacrifícios ao Senhor.

Não é fácil entender como Deus ditou a história dos reis de Judá e Israel, já que os reis de Israel eram heréticos e já que, quando os hebreus quiseram ter reis, Deus lhes declarou expressamente, pela boca do profeta Samuel, que obedecer a monarcas significa rejeitar Deus[8]: ora, vários sábios se espantaram por Deus ter querido ser o historiador de um povo que renunciara a ser governado por ele.

Alguns críticos demasiadamente ousados perguntaram se Deus pode ter ordenado que o primeiro rei Saul

....
1. Nm, 21, 14.
2. Jos, 10, 13; e 2 Rs II, 1, 18.
3. 3 Rs, 11, 41.
4. 3 Rs, 14, 19, 29 e outros.
5. 3 Rs, 32, 35.
6. Am, 5, 26.
7. At, 7, 43.
8. 1 Rs, 10, 19.

conquistasse uma vitória à frente de trezentos e trinta mil homens[9], já que é dito que só existiam duas espadas[10] na nação inteira e que eles eram obrigados a ir até os filisteus mandar afiar seus machados e foicinhas;
Se Deus pode ter ordenado que Davi, que era segundo sua vontade[11], se pusesse à frente de quatrocentos bandidos cobertos de dívidas[12];
Se Davi pode ter cometido todos os crimes que a razão, pouco esclarecida pela fé, ousa reprovar-lhe;
Se Deus pôde ditar as contradições entre a história dos *Reis* e os *Paralipômenos*.

Além disso, a história dos *Reis* contendo apenas acontecimentos nada instrutivos, e mesmo muitos crimes, pretendeu-se que não parecia digno do Ser eterno escrever tais acontecimentos e crimes. Mas estamos bem longe de querer descer nesse abismo teológico: respeitamos, como devemos, sem exame, tudo o que a sinagoga e a Igreja cristã respeitaram.

Que nos seja permitido apenas perguntar por que os judeus, que tinham tão grande horror aos egípcios, adotaram contudo todos os costumes egípcios: a circuncisão, as abluções, os jejuns, as vestimentas de linho, o bode expiatório, a vaca vermelha, a serpente de bronze e cem outros usos?

Que língua falavam no deserto? Está dito no salmo 80[13] que não entenderam o idioma que se falava para além

---
9. 1 Rs, 11, 8.
10. 1 Rs, 13, 20-22.
11. 1 Rs, 13, 14.
12. 1 Rs, 22, 2.
13. Verso 6.

do mar Vermelho. Sua língua, quando saíram do Egito, era o egípcio? Mas por que não são encontrados, entre os caracteres que utilizam, nenhum vestígio dos caracteres do Egito? Por que não existe nenhuma palavra egípcia em seu dialeto mesclado de tírio, de azoto e de siríaco corrompido?

Sob qual faraó fugiram? Sob o etíope Actisan que, segundo Diodoro de Sicília, baniu um bando de ladrões para o Monte Sinai, depois de ter mandado cortar-lhes o nariz?

Que príncipe reinava em Tiro quando os judeus entraram na região de Canaã? O país de Tiro e Sídon era então uma república ou uma monarquia?

Por que razão Sanchoniathon, que era da Fenícia, não fala dos hebreus? Se tivesse falado, Eusébio, que reproduz páginas inteiras de Sanchoniathon, não teria destacado tão glorioso testemunho em favor da nação hebraica?

Por que nem nos monumentos que nos restam do Egito, nem nos Shasta e nos Vedas dos hindus, nem nos *Cinco Reis* dos chineses, nem nas leis de Zoroastro, nem em nenhum antigo autor grego encontra-se nenhum dos nomes dos primeiros patriarcas judeus, que são a origem do gênero humano?

Como Noé, o restaurador da raça dos homens, cujos filhos dividiram entre si todo o hemisfério, pode ter sido absolutamente desconhecido nesse hemisfério?

Como Enoch, Set, Caim, Abel, Eva, Adão, o primeiro homem, foram ignorados em toda parte, exceto na nação judia?

Poderíamos fazer essas perguntas e mil outras ainda mais embaraçosas se os livros dos judeus fossem, como os outros, obra dos homens; mas, sendo de natureza totalmente diferente, exigem veneração e não permitem nenhuma crítica. O campo do pirronismo está aberto a todos os outros povos, mas fechado aos judeus. Estamos, com relação a eles, como os egípcios que estavam mergulhados nas mais espessas trevas da noite, enquanto os judeus desfrutavam do mais belo sol na região de Gessen. Assim, não devemos admitir nenhuma dúvida sobre a história do povo de Deus: nele tudo é mistério e profecia, porque esse povo é o precursor dos cristãos. Tudo é prodígio, porque Deus está à frente dessa nação sagrada: em suma, a história judaica é a do próprio Deus e nada tem em comum com a débil razão de todos os povos do universo. Devemos, ao lermos o Antigo ou o Novo Testamento, começar por imitar o padre Canaye.

Capítulo V
Sobre os egípcios

Como a história dos egípcios não é a de Deus, pode-se zombar dela. Isso já foi feito com êxito a respeito de suas dezoito mil cidades e sobre a Tebas das cem portas, pelas quais saía um milhão de soldados, o que pressupunha cinco milhões de habitantes na cidade, enquanto todo o Egito conta, hoje, com apenas três milhões de almas.

Quase tudo o que se conta sobre o antigo Egito foi escrito aparentemente com uma pena tirada da asa da fênix, que vinha se queimar a cada quinhentos anos no templo de Hierópolis para aí renascer.

Seria realmente verdade que os egípcios adoravam bois, bodes, crocodilos, macacos, gatos e mesmo cebolas?

Basta que isso tenha sido dito uma vez para que mil copistas o tenham repetido em verso e prosa. O primeiro que fez tantas nações incorrerem em erro sobre os egípcios foi Sanchoniathon, o mais antigo autor entre aqueles cujos fragmentos foram conservados pelos gregos. Era vizinho dos hebreus e incontestavelmente mais antigo que Moisés, já que não fala de Moisés, pois certamente teria mencionado tão grande homem e seus espantosos prodígios se tivesse vivido depois dele ou fosse seu contemporâneo.

Exprime-se assim: "Essas coisas estão escritas na história do mundo de Thot e nas suas memórias; mas os primeiros homens consagraram plantas e produtos da terra: atribuíam-lhes divindade; reverenciavam as coisas que os nutriam; ofereciam-lhes bebida e comida, essa religião estando conforme à fraqueza de seus espíritos."

É notável que Sanchoniathon, que vivia antes de Moisés, cite os livros de Thot, que tinham oitocentos anos de antiguidade; mas é ainda mais notável que Sanchoniathon se tenha enganado dizendo que os egípcios adoravam as cebolas: certamente não as adoravam, já que as comiam.

Cícero, que vivia na época em que César conquistou o Egito, diz, em seu livro da adivinhação, "que não existem superstições que os homens já não tenham abraçado, mas ainda não existiu nenhuma nação que tenha tido a idéia de comer seus próprios deuses".

De que teriam se alimentado os egípcios se tivessem adorado todos os bois e todas as cebolas? O autor do *Essai sur les Moeurs et l'Esprit des nations* desatou o nó dessa dificuldade, dizendo que é preciso estabelecer uma grande diferença entre uma cebola consagrada e uma cebola deus. O boi Ápis era consagrado; mas os outros bois eram comidos pelos sacerdotes e por todo o povo.

Uma cidade do Egito consagrara um gato, para agradecer aos deuses por terem feito nascer gatos, que comem ratos. Diodoro de Sicília relata que os egípcios, na sua época, degolaram um romano que tivera a infelicidade de matar um gato por descuido. É muito provável que fosse o gato consagrado. Eu não gostaria de matar uma cegonha na Holanda. Acredita-se que trazem felicidade às casas em cujos telhados pousam. Um holandês de mau humor me faria pagar caro pela sua cegonha.

Num nomo do Egito vizinho ao Nilo, havia um crocodilo sagrado. Era para obter dos deuses que os crocodilos comessem menos criancinhas. Orígenes, que vivia em Alexandria e que devia conhecer bem a religião do país, exprimiu-se assim na sua resposta a Celso, no livro III: "Não imitamos os egípcios no seu culto a Ísis e a Osíris; não lhe acrescentamos Minerva, como as pessoas do nomo de Saís." Diz, em outro lugar: "Amon não tolera que os habitantes da cidade de Ápis, nos arredores da Líbia, comam vacas." Fica claro, com essas passagens, que Ísis e Osíris eram adorados.

Diz ainda: "Não haveria nada de mal em se abster dos animais úteis ao homem; mas poupar um crocodilo, considerá-lo consagrado a não sei que divindade, não é extrema loucura?"

É evidente, por todas essas passagens, que os sacerdotes, os *khoen* do Egito, adoravam deuses e não animais. Não que os operários e as lavadeiras não pudessem muito bem considerar o animal consagrado uma divindade. E é até possível que os devotos da corte, incentivados em seu zelo por alguns teólogos do Egito, tenham acreditado que o boi Ápis era um deus, tenham-lhe feito novenas, e que tenha havido heresias. Vejam o que diz a esse respeito o autor da *Philosophie de l'Histoire* [Filosofia da história][14]. O mundo é velho, mas a história é de ontem. A que chamamos de *antiga*, e que é de fato muito recente, mal remonta a quatro ou cinco mil anos; temos apenas, antes dessa época, algumas probabilidades, que nos foram transmitidas pelos anais dos brâmanes, pela crônica chinesa, pela história de Heródoto. As antigas crônicas chinesas só se referem a este império isolado do resto do mundo. Heródoto, mais interessante para nós, fala da Terra então conhecida. Recitando para os gregos os nove livros de sua história, encantou-os pela novidade da empreitada, pela beleza de sua dicção e principalmente pelas fábulas.

Capítulo VI
Sobre a história de Heródoto

Quase tudo o que ele conta sobre a fé dos estrangeiros é fabuloso, mas tudo o que viu é verdadeiro. Com ele aprendemos, por exemplo, a extrema opulência e o esplendor que reinavam na Ásia Menor, hoje, ao que dizem, pobre e despovoada. Viu em Delfos os prodigiosos presentes de ouro que os reis da Lídia haviam enviado ao templo, e fala a ouvintes que, como ele, conheciam Delfos. Quanto tempo deve ter transcorrido antes que os reis da Lídia pudessem reunir tesouros supérfluos suficientes para dar presentes tão consideráveis a um templo estrangeiro!

....
14. *Des Rites égyptiens* [Sobre os ritos egípcios], *Essai sur les Moeurs* etc.

Mas, quando Heródoto narra os contos que ouviu, seu livro não passa de um romance que se assemelha às fábulas milésias.

Ora é um Candaules que mostra sua mulher inteiramente nua ao amigo Giges; mulher que, por modéstia, só deixa a Giges a alternativa de matar o marido e esposar a viúva ou perecer.

Ora é um oráculo de Delfos que adivinha que, enquanto está falando, Creso assa uma tartaruga numa bandeja de bronze a cem léguas dali.

Pena que Rollin, aliás estimável, repita todos os contos dessa espécie. Admira a ciência do oráculo e a veracidade de Apolo, assim como o pudor da mulher do rei Candaules; e, a esse respeito, propõe à polícia impedir os jovens de se banharem no rio. O tempo é tão caro, e a história tão imensa, que é preciso poupar aos leitores esses tipos de fábulas e de moral.

A história de Ciro é inteiramente desfigurada por tradições fabulosas. Ao que tudo indica, Kiro ou Cosrou, chamado de Ciro, à frente dos povos guerreiros de Elam, realmente conquistou a Babilônia, afrouxada pelos prazeres. Mas nem ao menos sabemos que rei reinava então na Babilônia: alguns dizem Baltazar, outros, Anaboth. Heródoto faz Ciro morrer numa expedição contra os masságetas. Xenofonte, em seu romance moral e político, faz com que morra em seu leito.

Sabemos apenas, nessas trevas da história, que existiam, há muito tempo, vastos impérios e tiranos, cujo poder era fundado na miséria pública; que a tirania chegara a ponto de privar os homens de sua virilidade, a fim de usá-los para infames prazeres ao final da infância e empregá-los, na velhice, na vigilância das mulheres;

que a superstição governava os homens; que um sonho era visto como um aviso do céu e decidia sobre a paz e a guerra etc.

À medida que Heródoto, em sua história, se aproxima de seu tempo, torna-se mais bem instruído e verdadeiro. É preciso admitir que a história começa para nós apenas no momento das incursões dos persas contra os gregos. Antes desses grandes acontecimentos, encontramos apenas relatos vagos, cercados de contos pueris.

Heródoto torna-se o modelo dos historiadores quando descreve os prodigiosos preparativos de Xerxes para subjugar a Grécia e, em seguida, a Europa. Exagera sem dúvida na quantidade de soldados; mas os conduz com exatidão geográfica de Susa até a cidade de Atenas. Ensina-nos como estavam armados os muitos povos diferentes que esse monarca levava consigo: nenhum é esquecido, das profundezas da Arábia e do Egito até para além de Bactriana; e da extremidade setentrional do mar Cáspio, região então habitada por povos poderosos, e hoje por tártaros errantes. Todas as nações, desde o Bósforo da Trácia até o Ganges, encontram-se sob seus estandartes.

Descobrimos com espanto que esse príncipe tinha mais terras do que jamais possuiu o império romano. Tinha tudo o que hoje pertence ao Grão-Mogol até as margens do Ganges, toda a Pérsia e todo o país dos uzbeques, todo o império dos turcos, com exceção da Romênia; mas, em compensação, possuía a Arábia. Vemos, pela extensão de seus Estados, quão grande é o erro dos declamadores em verso e em prosa de chamar de louco Alexandre, vingador da Grécia, por ter subjugado o inimigo dos gregos. Partiu para o Egito, Tiro e Índia, mas tal era seu dever; pois Tiro, Egito e Índia pertenciam à potência que devastara a Grécia.

Capítulo VII
Uso que se pode fazer de Heródoto

Heródoto teve o mesmo mérito de Homero: foi o primeiro historiador, como Homero foi o primeiro poeta épico, e ambos captaram as belezas próprias de uma arte que se acredita desconhecida antes deles. É um espetáculo admirável em Heródoto ver o imperador da Ásia e da África fazer seu imenso exército atravessar, numa ponte feita de embarcações, da Ásia à Europa; tomar a Trácia, a Macedônia, a Tessália, a Acaia superior e entrar numa Atenas abandonada e deserta. Não esperamos que os atenienses, sem cidade, sem território, refugiados em seus navios com alguns outros gregos, porão em fuga a imensa frota do grande rei; que voltarão vencedores para casa; que forçarão Xerxes a retirar de modo ignominioso os destroços de seu exército; e que em seguida eles o proibirão, por um tratado, de navegar em seus mares. Essa superioridade de um pequeno povo generoso, livre, sobre toda a Ásia escrava, é talvez o que existe de mais glorioso entre os homens. Aprendemos também, com esse episódio, que os povos do Ocidente sempre foram melhores marinheiros que os povos asiáticos. Quando lemos a história moderna, a vitória de Lepanto nos faz lembrar a de Salamina e comparamos João da Áustria e Colonna com Temístocles e com Euribíades. Esse é, talvez, o único fruto que podemos tirar do conhecimento desses tempos remotos.

É sempre audacioso querer penetrar nos desígnios de Deus; mas a essa temeridade mescla-se um grande ridículo quando se quer provar que o Deus de todos os povos da Terra e de todas as criaturas dos outros globos não se preocupava com as revoluções da Ásia e que só enviava pessoalmente tantos conquistadores uns após os outros em consideração do pequeno povo judeu, ora para o abater, ora para o encorajar, sempre para o instruir, e que essa pequena horda voluntariosa e rebelde era o centro e o objeto das revoluções da Terra.

O conquistador memorável a que deram o nome de Ciro torna-se senhor da Babilônia apenas para dar a alguns judeus a permissão de voltar para casa. Alexandre vence Dario apenas para estabelecer colônias judaicas em Alexandria. Quando os romanos anexam a Síria a seus vastos domínios e incorporam a Judéia a seu império, é mais uma vez para instruir os judeus. Árabes e turcos só existiram para corrigir esse povo. Devemos admitir que receberam excelente educação; jamais se teve tantos preceptores, e jamais estes foram tão mal aproveitados.

Poderíamos também ser levados a dizer que Fernando e Isabel só reuniram as províncias da Espanha para expulsar uma parte dos judeus e queimar a outra; que os holandeses se libertaram do jugo do tirano Filipe II apenas para ter dez mil judeus em Amsterdam, e que Deus só estabeleceu o chefe manifesto da Igreja Católica no Vaticano para aí manter sinagogas mediante pagamento. Bem sabemos que a Providência se estende por toda a Terra; mas é exatamente por essa razão que não se limita a um único povo.

Capítulo VIII
Sobre Tucídides

Voltemos aos gregos. Tucídides, sucessor de Heródoto, se limita a detalhar a história da guerra do Peloponeso, região não maior que uma província da França ou da Alemanha, mas que produziu homens em tudo dignos de uma reputação imortal; e, como se a guerra civil, o mais horrível dos flagelos, incutisse um novo fogo e novas forças ao espírito humano, foi nessa época que todas as artes floresceram na Grécia. Do mesmo modo, começaram a se aperfeiçoar em seguida em Roma, nas outras guerras civis do tempo de César, e renasceram mais uma vez, nos séculos XV e XVI de nossa era vulgar, em meio aos distúrbios da Itália.

Capítulo IX
Época de Alexandre

Após a guerra do Peloponeso, descrita por Tucídides, vem a célebre época de Alexandre, príncipe digno de ser educado por Aristóteles, que funda muito mais cidades do que os outros conquistadores destruíram e que transforma o comércio do universo.

Na sua época e na de seus predecessores Cartago florescia; e a república romana começava a atrair o olhar das nações. Todo o norte e o Ocidente estão mergulhados na barbárie. Os celtas, os germanos, todos os povos do norte são desconhecidos.

Se Quinto Cúrcio não tivesse desfigurado a história de Alexandre com mil fábulas, que foram repetidas em nossos dias por tantos declamadores, Alexandre seria o único herói da antiguidade de quem teríamos uma história verdadeira. Ficamos pasmos quando vemos historiadores latinos, que viveram quatrocentos anos depois dele, fazer Alexandre sitiar cidades indianas, às quais dão somente nomes gregos e algumas das quais nunca existiram.

Quinto Cúrcio, depois de ter situado o Tanais para além do mar Cáspio, não deixa de dizer que o Ganges, desviando-se para o oriente, vai desaguar, como o Indo, no mar Vermelho, que está a ocidente. Isso parece o discurso de Trimalcião, que diz ter em casa uma Níobe presa no cavalo de Tróia; e que Aníbal, no saque de Tróia, tendo apanhado todas as estátuas de ouro e prata, fez com elas o bronze de Corinto.

Supõe-se que tenha sitiado uma cidade chamada Ara, próxima ao rio Indo e não longe de sua nascente. Exatamente no grande caminho da capital do império, a oitocentas milhas do local em que Porus estava supostamente instalado, como dizem também nossos missionários.

Após essa pequena excursão à Índia, na qual Alexandre conduziu seus exércitos pelo mesmo caminho que o xá Nadir tomou em nossos dias, ou seja, pela Pérsia e Kandahar, continuemos o exame de Quinto Cúrcio.

Apraz-lhe enviar uma embaixada dos citas a Alexandre às margens do rio Jaxartes. Coloca-lhes na boca uma arenga igual à que os americanos poderiam ter feito aos primeiros conquistadores espanhóis. Pinta os citas como homens pacíficos e justos, espantados em ver um ladrão grego vindo de tão longe para subjugar povos cujas virtudes os tornavam irredutíveis. Nem imagina que esses invencíveis citas haviam sido subjugados pelos reis da Pérsia. Os mesmos citas, tão pacíficos e justos, contradizem-se bem vergonhosamente na arenga de Quinto Cúrcio; admitem ter levado o ferro e o fogo até a Alta Ásia. Foram, efetivamente, esses mesmos tártaros que, aliados a tantas hordas do norte, devastaram durante tanto tempo o universo conhecido, da China ao monte Atlas.

Todas essas arengas dos historiadores assentariam muito bem num poema épico, onde as prosopopéias são muito apreciadas. Constituem o apanágio da ficção, o que, infelizmente, faz com que as histórias estejam repletas delas; o autor se põe, sem pudores, no lugar de seu herói.

Quinto Cúrcio faz Alexandre escrever uma carta a Dario. O herói da Grécia diz na carta que *o mundo não pode tolerar dois sóis nem dois senhores*. Rollin acha, com razão, haver mais presunção que grandeza nessa carta. Poderia acrescentar que há ainda mais tolice que presunção. Mas Alexandre a escreveu? É isso que seria preciso examinar. Cabe apenas a Japhet d'Arménie, o bobo de Carlos Quinto, dizer que

> Dois sóis, num lugar muito apertado,
> Tornariam o contrário do frio exagerado.

Mas acaso Alexandre era um dom Japhet d'Arménie?

Um tradutor pretensioso do enérgico Tácito, não encontrando nesse historiador a carta de Tibério ao senado contra Sejano, permite-se tirá-la da própria cabeça e colocar-se simultaneamente no lugar do imperador e de Tácito. Sei que Tito Lívio comumente empresta arengas a seus heróis: qual foi o objetivo de Tito Lívio? Mostrar espírito e eloqüência. Eu lhe diria: Se queres arengar, vai discursar diante do senado de Roma; se queres escrever história, dize-nos somente a verdade.

Não esqueçamos a suposta Talestris, rainha das Amazonas, que veio encontrar Alexandre para rogar que lhe fizesse um filho. Aparentemente o encontro se deu às margens do suposto Tanais.

Capítulo X
Sobre as cidades sagradas

Não se pode deixar de observar, na história antiga, que todas as capitais, e mesmo muitas cidades medíocres, foram chamadas de *sagradas, cidades de Deus*, por terem sido fundadas sob os auspícios de algum deus protetor.

Babilônia significava a *cidade de Deus*, de Deus pai. Quantas cidades na Síria, na Pártia, na Arábia, no Egito receberam apenas o nome de *cidade sagrada*! Os gregos as chamaram de *Dióspolis, Hierápolis*, traduzindo-lhes exatamente o nome. Existiam até mesmo aldeias, colinas sagradas, Hierácomo, Hierábolis, Hierápetra.

As fortalezas, principalmente Hierágerma, eram habitadas por algum deus.

Ílion, a cidadela de Tróia, era inteiramente divina; fora construída por Netuno. O paládio assegurava-lhe a vitória sobre todos os inimigos. Meca, que se tornou tão famosa, mais antiga do que Tróia, era sagrada. Áden ou Éden, na costa meridional da Arábia, era tão sagrada quanto Meca, e mais antiga.

Cada cidade tinha seus oráculos, suas profecias, que lhe prometiam vida eterna, império eterno, prosperidade eterna; e todas elas foram enganadas.

Além do nome particular que cada metrópole se atribuía, e ao qual acrescentava sempre os epítetos de divino ou sagrado, elas tinham um nome secreto, e ainda mais sagrado, conhecido apenas por um pequeno número de sacerdotes, que só tinham a permissão de pronunciá-lo em perigos extremos, por temor de que esse nome, conhecido pelos inimigos, fosse invocado por eles ou que eles o empregassem em alguma conjuração ou o usassem para convencer o deus tutelar a se declarar contra a cidade.

Macróbio nos diz que o segredo foi tão bem guardado entre os romanos que ele próprio não pôde descobrilo. A opinião mais verossímil é que esse nome fosse *Ops consivia*[15]; Angelo Poliziano pretende que esse nome fosse Amarilis; devemos, porém, acreditar mais em Macróbio do que num estrangeiro do século XVI.

Os romanos desconheciam o nome secreto de Cartago, assim como os cartaginenses o de Roma. Conservouse apenas a evocação secreta pronunciada por Cipião contra Cartago: "Se houver um deus ou uma deusa que tenha tomado sob sua proteção a cidade de Cartago, eu vos venero, eu vos peço perdão, eu vos rogo abandonar Cartago, suas praças, seus templos; deixar para eles o temor, o terror, a vertigem, e vir a Roma comigo e com os meus. Possam nossos templos, nossos sacrifícios, nossa cidade, nosso povo, nossos soldados, serem-vos mais agradáveis que os de Cartago! Se concordardes, prometo-vos templos e jogos."

A *devoção* das cidades inimigas era um costume muito antigo. Não foi desconhecida dos romanos. Eles *devo-*

---

15. Macróbio, livro III, cap. IX.

taram, na Itália, Veios, Fidena, Gábios e outras cidades; fora da Itália, Cartago e Corinto; *devotaram*, algumas vezes, até mesmo exércitos. Nessas *devoções* invocavam-se Júpiter, levantando-se a mão direita para o céu, e a deusa Tellus, pondo-se a mão na terra.

Apenas o imperador, ou seja, o general do exército ou o ditador, fazia a cerimônia da *devoção*; rogava aos deuses que *enviassem a fuga, o temor, o terror* etc.; e prometia imolar três cordeiros negros.

Parece que os romanos tomaram esses costumes dos antigos etruscos, os etruscos dos gregos, e os gregos dos asiáticos. Não surpreende que encontremos tantos vestígios deles no povo judeu.

Além da cidade sagrada de Jerusalém, eles tinham muitas outras; Lydda, por exemplo, porque ali havia uma escola de rabinos. Samaria também se via como uma cidade sagrada. Os gregos também deram a muitas cidades o nome de *Sebastos, augusta, sagrada*.

Capítulo XI
Sobre os outros povos novos

Grécia e Roma são repúblicas novas em comparação com os caldeus, os hindus, os chineses, os egípcios.

A história do império romano é a que mais merece nossa atenção, porque os romanos foram nossos mestres e legisladores. Suas leis ainda vigoram na maioria de nossas províncias; sua língua ainda é falada e, muito tempo depois de sua queda, continuou sendo a única língua na qual eram redigidos os atos públicos na Itália, Alemanha, Espanha, França, Inglaterra e Polônia.

Com o desmembramento do império romano no Ocidente, começa uma nova ordem de coisas, chamada de *história da Idade Média*: história bárbara de povos bárbaros que, tornados cristãos, não se tornaram melhores.

Enquanto a Europa está assim transtornada, vemos aparecer, no século VII, os árabes, até então encerrados em seus desertos. Estendem seu poderio e sua dominação à Alta Ásia, à África, e invadem a Espanha; os turcos lhes sucedem e estabelecem a sede de seu império em Constantinopla, em meados do século XV.

No final desse século um novo mundo é descoberto e pouco depois a política da Europa e as artes adquirem uma nova forma. A arte da imprensa e a restauração das ciências fazem com que finalmente tenhamos algumas histórias bastante fiéis, em vez das crônicas ridículas encerradas nos claustros da época de Gregório de Tours. Cada nação, na Europa, logo ganha seus historiadores. A antiga indigência dá lugar ao supérfluo; não existe cidade que não queira ter sua história particular. Somos oprimidos pelo peso das minúcias. Um homem que deseja instruir-se é obrigado a restringir-se à linha dos grandes acontecimentos, a descartar todos os pequenos fatos particulares que venham perturbá-la: ele apreende, na torrente das revoluções, o espírito dos tempos e os costumes dos povos.

É preciso, principalmente, dedicar-se à história de sua pátria, estudá-la, dominá-la, reservar para ela os detalhes, e lançar um olhar mais geral sobre as outras nações: a história delas só é interessante pelas relações que mantêm conosco ou pelas grandes coisas que fizeram; os primeiros tempos desde a queda do império romano são apenas, como já observamos, aventuras bárbaras sob nomes bárbaros, com exceção da época de Carlos Magno. E quantas obscuridades nessa grande época! A Inglaterra permanece quase isolada até o reinado de Eduardo III. O norte é selvagem até o século XVI; a Alemanha é durante muito tempo uma anarquia. As querelas dos imperadores e dos papas assolam a Itália durante seiscentos anos, e é difícil distinguir a verdade através das paixões de escritores pouco instruídos que compuseram crônicas grosseiras desses tempos infelizes.

A monarquia da Espanha tem apenas um acontecimento sob os reis visigodos, e esse acontecimento é sua destruição. Tudo é confusão até o reino de Isabel e Fernando.

A França, até Luís XI, é presa de desgraças obscuras, sob um governo sem regras. Daniel e depois dele o presidente Hénault pretenderam, de modo vão, que os primeiros tempos da França são mais interessantes do que os de Roma; não percebem que, quanto mais fracos os primórdios de tão vasto império, mais interessantes eles se tornam, e que todos gostam de ver a pequena nascente de uma torrente que inundou quase a metade da Terra.

Para penetrar no labirinto tenebroso da Idade Média, é preciso recorrer a arquivos, que quase não existem. Alguns antigos conventos conservaram cartas e diplomas que contêm doações cuja autoridade é muito suspeita. O abade de Longuerue afirma que, em mil e quinhentas cartas, mil são falsas, e que ele não garante as outras.

Não temos aí uma coletânea que pudesse nos esclarecer sobre a história política e sobre o direito público da Europa.

A Inglaterra é, de todos os países, aquele que tem incontestavelmente os arquivos mais antigos e mais contínuos. Esses atos, coletados por Rymer sob os auspícios da rainha Ana, começam no século XII e continuam sem interrupção até nossos dias. Difundem uma grande luz sobre a história da França. Mostram, por exemplo, que a Guiana pertencia ao Príncipe Negro, filho de Eduardo III, como soberania absoluta, quando o rei da França Carlos V confiscou-a por um decreto e tomou-a pelas armas. Ficamos sabendo que somas consideráveis e que espécie de tributo Luís XI pagou ao rei Eduardo IV, que ele podia combater, e quanto dinheiro a rainha Elizabeth emprestou a Henrique, o Grande, para ajudá-lo a subir ao trono etc.

Capítulo XII
Sobre alguns fatos relatados em Tácito e Suetônio

Perguntei-me algumas vezes lendo Tácito e Suetônio: todas as extravagâncias atrozes imputadas a Tibério, a Calígula, a Nero são realmente verdadeiras? Deverei acaso acreditar, com base no relato de um único homem que viveu muito tempo depois de Tibério, que esse imperador, quase octogenário e que sempre tivera costumes decentes e mesmo austeros, tenha se entregado, na ilha de Capri, exclusivamente a deboches que fariam corar um jovem Gitão? Quem me garante que transformou o trono do mundo conhecido num lugar de prostituição como jamais se viu entre os jovens mais dissolutos? Seria realmente verdade que nadava em seus aquários acompanhado por crianças de colo, que também já sabiam nadar e que lhe mordiam as nádegas, embora ainda não tivessem dentes, e lhe lambiam as velhas e repugnantes partes pudendas? Deverei acreditar que se cercou de *spinthriae*, ou seja, bandos dos mais dissolutos libertinos, homens e mulheres, divididos em grupos de três, uma moça sob um rapaz e esse rapaz sob um outro?

Essas torpezas abomináveis não são naturais. Um velho, um imperador, espiado por todos os que dele se aproximam e sobre o qual toda a Terra lança olhares tanto mais atentos quanto mais ele se esconde, pode ser acusado de tão inconcebível infâmia sem provas convincentes? Que provas Suetônio apresenta? Nenhuma. Um velho pode ainda ter na cabeça idéias de um prazer que o corpo lhe recusa. Pode tentar excitar em si os restos de sua natureza sensual através de recursos vergonhosos, e ficaria desesperado se houvesse uma única testemunha disso. Pode comprar as complacências de uma prostituta *cui ore et manibus allaborandum est*, ela mesma comprometida com o segredo por sua própria infâmia. Mas acaso já se viu um velho arcebispo, um velho rei, reunir uma centena de criados para partilhar com eles repugnantes obscenidades, servir-lhes de joguete, ser aos olhos deles o objeto mais ridículo e desprezível? Tibério era detestado e, se eu tivesse sido cidadão romano, também o teria detestado, a ele e a Otávio, já que haviam destruído minha república; execrava-se o duro e pérfido Tibério e, se ele se retirara a Capri em sua velhice, era certamente para se entregar aos mais indignos deboches; mas isso realmente aconteceu? Ouvi dizer coisas mais horríveis sobre um muito grande príncipe e sua filha: nunca acreditei em nada, e o tempo justificou minha incredulidade.

As loucuras de Calígula são acaso muito mais verossímeis? Que Calígula tenha criticado Homero e Virgílio, acredito facilmente. Virgílio e Homero têm defeitos. Se desprezou esses dois grandes homens, há muitos príncipes que, em matéria de gosto, não seguem o senso comum. Esse mal é muito medíocre; mas não se deve inferir daí que tenha deitado com as três irmãs e que as tenha prostituído. Tais casos de família são em geral muito secretos. Gostaria ao menos que nossos compiladores modernos, ao relatar os horrores romanos para a instrução da juventude, se limitassem a dizer modestamente: *dizem, corre o boato, pretendia-se em Roma, suspeitava-se*. Essa maneira de enunciar me parece infinitamente mais honesta e mais razoável.

É bem menos crível ainda que Calígula tenha instituído uma de suas irmãs, Julia Drusilla, como herdeira do império. O costume de Roma não permitia, exatamente como o costume de Paris, que se desse o trono a uma mulher.

Acredito que no palácio de Calígula houvesse muita galantaria e encontros, como em todos os palácios do mundo; mas que tenha estabelecido em sua própria casa um b..., que a flor da juventude freqüentava em razão de seu dinheiro, dificilmente conseguirão me persuadir disso.

Conta-se que, um dia, não encontrando dinheiro no bolso para jogar, saiu um momento, e mandou assassinar três senadores muito ricos e voltou em seguida dizendo: *Agora tenho com o que jogar*. Quem quiser que acredite nisso; sempre tenho algumas pequenas dúvidas.

Imagino que todo romano tinha a alma republicana em seu gabinete e se vingava às vezes, com a pena na mão, da usurpação do imperador. Presumo que o perspicaz Tácito e o contador de anedotas Suetônio desfrutavam de grande consolo caluniando seus senhores numa época em que ninguém se entretinha discutindo a verdade. Nossos copistas de todos os países ainda repetem todos os dias esses contos tão pouco prováveis. Parecem-se um pouco com os historiadores de nossos povos bárbaros da Idade Média, que copiaram os delírios dos monges. Os monges estigmatizavam todos os príncipes que não lhes davam nada, como Tácito e Suetônio se dedicavam a tornar odiosa toda a família do opressor Otávio.

Mas, poderiam me perguntar, Suetônio e Tácito não prestavam serviço aos romanos, fazendo detestar os césares?... Sim, se seus escritos pudessem ter ressuscitado a república.

Capítulo XIII
Sobre Nero e Agripina

Todas as vezes que li a abominável história de Nero e de sua mãe, Agripina, fiquei tentado a não acreditar em nada. É do interesse do gênero humano que todos esses horrores tenham sido exagerados; eles envergonham demais a natureza.

Tácito começa por citar um tal de Clúvio (*Anais*, livro XIV, cap. II). Clúvio conta que aproximadamente no meio do dia, *medio diei*, Agripina apresentava-se freqüentemente ao filho, já aquecido pelo vinho, para convidá-lo ao incesto; que lhe dava beijos lascivos, *lasciva oscula*; que o excitava com carícias às quais só faltava a consumação do crime, *praenuntias flagitii blanditias*, e isso na presença dos convivas, *annotantibus proximis*; que imediatamente o hábil Sêneca apresentava o socorro de uma outra mulher contra as seduções de uma mulher, *Senecam contra muliebres illecebras subsidium a femina petivisse*, e substituía a imperatriz mãe Agripina pela jovem liberta Acte.

Que sábio preceptor esse Sêneca! Que filósofo! Podemos observar que Agripina tinha então cerca de cinqüenta anos. Era a segunda dos seis filhos de Germânico, que Tácito supõe, sem nenhuma prova, ter sido envenenado. Ele morreu no ano 19 de nossa era e deixou Agripina com dez anos.

Agripina teve três maridos. Tácito diz que, logo após a época das carícias incestuosas, Nero tomou a resolução de matar a mãe. Ela morreu efetivamente no ano 59 de nossa era vulgar. Seu pai, Germânico, morrera há quarenta anos. Agripina tinha então aproximadamente cinqüenta, quando se supõe que convidava o filho ao incesto. Quanto menos um fato é verossímil, mais exige provas. Mas o tal Clúvio, citado por Tácito, pretende que isso era uma grande política e que Agripina pretendia, assim, fortalecer seu poder e seu crédito. Era, ao contrário, expor-se ao desprezo e ao horror. Acaso ela se vangloriava de dar a Nero mais prazeres e desejos do que as jovens amantes? O filho, logo cansado dela, não a teria coberto de opróbrio? Ela não teria sido a execração de toda a corte? Como, aliás, o tal Clúvio pode dizer que Agripina queria se prostituir ao filho na presença de Sêneca e dos outros convivas? Francamente, uma mãe deita-se com o filho na frente de seu governador e de seu preceptor, na presença dos convivas e dos criados?

Um outro historiador verídico dessa época, chamado *Fabius Rusticus*, diz que era Nero que desejava a mãe e que estava prestes a se deitar com ela quando Acte veio se colocar em seu lugar. Entretanto, não era Acte a então amante de Nero, era Popéia; mas, fosse Popéia, Acte ou qualquer outra, nada disso é verossímil.

Há, na morte de Agripina, circunstâncias nas quais é impossível crer. De onde tiraram que o escravo liberto Aniceto, comandante da frota do Miseno, aconselhou que se construísse um barco que, desmontando-se em alto-mar, faria Agripina morrer? Posso admitir que Aniceto se tenha encarregado dessa estranha invenção; mas parece-me que não se podia construir tal barco sem que os operários desconfiassem que era destinado a fazer perecer algum personagem importante. Esse pretenso segredo devia estar nas mãos de mais de cinqüenta trabalhadores. Em breve seria conhecido por Roma inteira; Agripina também seria informada e, quando Nero lhe propusesse subir no barco, sentiria certamente que era para afogá-la.

O próprio Tácito certamente se contradiz na narração dessa aventura inexplicável. Uma parte desse barco, diz ele, desmontando-se com arte, devia precipitá-la nas ondas; *cujus pars ipso in mari per artem soluta effunderet ignaram* (*Anais*, livro XIV, cap. III).

Em seguida ele diz que, após um sinal, o teto do quarto onde estava Agripina, e que fora carregado de chumbo, caiu de repente e esmagou Crepério, um dos criados da imperatriz; *cum dato signo ruere tectum loci* etc. (*Anais*, livro XIV, cap. V).

Ora, se foi o telhado, o teto do quarto de Agripina que caiu em cima dela, o barco não era construído de maneira que uma de suas partes, destacando-se da outra, lançasse ao mar a princesa.

Tácito acrescenta que se ordenou, então, aos remadores que se inclinassem para um lado para submergir o barco; *unum in latus inclinare, atque ita navem submergere*. Mas acaso é possível que remadores, inclinando-se, consigam virar uma galera ou mesmo um barco de pescador? E, aliás, os remadores teriam se exposto de bom grado ao naufrágio? Esses mesmos marinheiros golpeiam com os remos uma favorita de Agripina que, tendo caído ao mar, gritava que era Agripina. Conheciam, pois, o segredo. Ora, confia-se um segredo a trinta marinheiros? Além disso, alguém fala quando está na água?

Tácito faz questão de dizer que "o mar estava tranqüilo, o céu rebrilhava de estrelas, como se os deuses quisessem que o crime fosse mais manifesto; *noctem sideribus illustrem* etc.".

Na verdade, não seria mais natural pensar que essa aventura foi um puro acidente e que a malignidade humana transformou-a num crime de Nero, de quem se pensava que nada era suficientemente horrível que não pudesse ser-lhe imputado? Quando um príncipe macula-se com alguns crimes, atribuem-lhe todos. Os parentes, os amigos dos proscritos, os descontentes fazem acusação sobre acusação; esquece-se a verossimilhança. O que importa que um Nero tenha cometido um crime a mais? Aquele que os narra acrescenta-lhes outros; a posteridade convence-se, e o perverso príncipe acaba merecendo até as imputações improváveis que lhe pesam sobre a memória. Acredito, com horror, que Nero deu seu consentimento para o assassinato da mãe, mas não acredito na história da galera. Acredito ainda menos nos caldeus que, segundo Tácito, haviam predito que Nero mataria Agripina: porque nem os caldeus, nem os sírios, nem os egípcios nunca predisseram nada, assim como Nostradamus e todos os que quiseram exaltar a própria alma.

Quase todos os historiadores da Itália acusaram o papa Alexandre VI de crimes que no mínimo equivalem aos de Nero; mas Alexandre VI, como Nero, era culpado dos erros em que os historiadores caíram.

Contam-nos atrocidades não menos execráveis de muitos príncipes asiáticos. Os viajantes dão livre curso a tudo o que ouviram dizer na Turquia e na Pérsia. Eu preferiria, no lugar deles, mentir de forma totalmente contrária. Teria visto unicamente príncipes justos e clementes, juízes sem paixão, financistas desinteressados; e apresentaria esses modelos aos governantes da Europa.

A *Ciropédia* de Xenofonte é um romance; mas fábulas que ensinam a virtude valem mais que histórias mescladas de fábulas que só narram crimes.

Capítulo XIV
Sobre Petrônio

Tudo o que se disse sobre Nero me fez examinar de mais perto a sátira atribuída ao cônsul Caio Petrônio, que Nero sacrificara ao ciúme de Tigelino. Os novos compiladores da história romana não deixaram de tomar os fragmentos de um jovem estudante chamado Tito Petrônio por aqueles do cônsul que, dizem, enviou a Nero, antes de morrer, a pintura de sua corte sob nomes fantasiosos.

Se de fato encontrássemos um retrato fiel dos deboches de Nero no Petrônio que nos resta, esse livro seria um dos textos mais curiosos do autor.

Nodot preencheu as lacunas desses fragmentos e acreditou enganar o público. E quer continuar enganando-o garantindo que a sátira de Tito Petrônio, jovem e obscuro libertino, de espírito pouquíssimo regrado, é de Caio Petrônio, cônsul de Roma. Quer que vejamos toda a vida de Nero nas aventuras dos mais vis velhacos da Itália, pessoas que saem da escola para correr da taberna para o b..., que roubam casacos e se consideram muito felizes de ir jantar na casa de um velho subcoletor, mercador de vinho, enriquecido com usuras, chamado Trimalcião.

Os comentadores não duvidam que esse velho inspetor absurdo e impertinente seja o jovem imperador Nero, que, afinal, tinha espírito e talentos. Mas, na verdade, como reconhecer esse imperador num tolo que faz continuamente os mais insípidos jogos de palavras com seu cozinheiro; que se levanta da mesa para ir ao gabinete reservado; que volta à mesa para dizer-se afligido por gases; que aconselha os convivas a não se conterem; que garante que várias pessoas já morreram por não terem sabido dar a si mesmas no momento adequado a liberdade do traseiro e que confia aos convivas que sua gorda mulher Fortunata cumpre tão bem seu dever a esse respeito que o impede de dormir à noite?

Essa grosseira e repugnante Fortunata é, dizem, a jovem e bela Acte, amante do imperador. É preciso ser realmente um comentador impiedoso para encontrar tais semelhanças. Os convivas são, dizem, os favoritos de Nero. Eis a conversa desses homens de corte:

Um deles diz ao outro: "Está rindo do quê, bobo alegre? Você janta melhor em casa? Se eu estivesse mais perto desse tagarela, já teria lhe dado um bofetão. Se eu mijasse nele, ele não saberia onde se esconder. Ele ri: do que está rindo? Sou um homem livre como os outros: tenho vinte bocas para alimentar por dia, sem contar meus cachorros, e espero morrer sem ter nada de que me envergonhar quando estiver morto. Você não passa de um remelento; você não sabe dizer nada; você parece um pote de barro, um couro molhado, que não é melhor por ser mais flexível. Você é mais rico que eu? Jante duas vezes!"

Tudo o que se diz nessa famosa ceia de Trimalcião é mais ou menos nesse estilo. Os mais reles vagabundos mantêm, entre nós, diálogos mais honestos nas tabernas. Contudo, isso foi considerado como a galantaria da corte dos césares. Não existe exemplo de um preconceito tão grosseiro. É como se disséssemos que o *Porteiro dos cartuxos* é um retrato delicado da corte de Luís XIV.

Há versos muito felizes nessa sátira, e alguns contos muito bem-feitos, principalmente a *Matrona de Éfeso*. A sátira de Petrônio é uma mistura de bom e ruim, de moral e de baixezas; anuncia a decadência do século que seguiu o de Augusto. Vemos um homem que fugiu das escolas para freqüentar os tribunais e que quer dar regras e exemplos de eloqüência e poesia.

Propõe como modelo o começo de um poema empolado feito por ele. Eis alguns de seus versos:

Crassum Parthus habet; Libyco jacet aequore Magnus;
Julius ingratam perfudit sanguine Romam;
Et quasi non posset tot tellus ferre sepulcra,
Divisit cineres.
(Petrônio, *Satiricon*, C. CXX)

"Crasso pereceu entre os partas; Pompeu nas costas da Líbia; o sangue de César foi derramado em Roma; e, como se a Terra não pudesse suportar tantos túmulos, ela dividiu suas cinzas."

Pode haver pensamento mais falso e mais extravagante? Como! A mesma terra não podia comportar três sepulcros ou três urnas? Por isso Crasso, Pompeu e César morreram em lugares diferentes? Era assim que Virgílio se exprimia?

Estes versos libertinos são admirados, citados:

> Qualis nox fuit illa, di deaeque!
> Quam mollis torus! Haesimus calentes,
> Et transfudimus hinc et hinc labellis
> Errantes animas. Valete, curae
> Mortales! Ego sic perire coepi.
> (Petrônio, *Satiricon*, C. LXXIX)

Os quatro primeiros versos são felizes, principalmente pelo tema, pois versos sobre amor e vinho sempre agradam quando não são totalmente ruins. Eis uma tradução livre. Não sei se é do presidente Bouhier:

> Que noite! ó transportes! ó volúpias ternas!
> Nossos corpos entrelaçados, e nossas almas errantes,
> Se confundiam e morriam de prazer.
> É assim que um mortal começa a morrer.

O último verso, traduzido palavra por palavra, é banal, incoerente, ridículo; empana todas as graças dos precedentes; apresenta a idéia funesta de uma morte verdadeira. Petrônio quase nunca sabe parar. É o defeito de um rapaz cujo gosto ainda está desnorteado. Pena que esses versos não tenham sido feitos para uma mulher; mas, de qualquer modo, é evidente que não são uma sátira de Nero. São versos de um jovem dissoluto que celebra seus prazeres infames.

De todos os fragmentos de poesia abundantemente espalhados nessa obra, não há um único que possa ter a mais ligeira relação com a corte de Nero. Ora são conselhos para formar os jovens advogados na eloqüência daquilo que chamamos de *tribunal*, ora declamações sobre a indigência das pessoas de letras, elogios ao dinheiro sonante, lamentos por não o possuir, invocações a Príapo, imagens empoladas ou lascivas; e o livro inteiro é um amontoado confuso de erudição e deboches, como os que os antigos romanos chamavam de *Satura*. Finalmente, é o cúmulo do absurdo ter considerado, século após século, essa sátira a história secreta de Nero; mas, estabelecido um preconceito, quanto tempo é preciso para destruí-lo!

Capítulo XV
Sobre os contos absurdos intitulados "história" desde Tácito

Assim que um imperador romano é assassinado pelos guardas pretorianos, os corvos da literatura se lançam sobre o cadáver de sua reputação. Juntam todos os boatos da cidade, sem nem ao menos se dar conta de que esses boatos são quase sempre os mesmos. Dizem, em primeiro lugar, que Calígula escrevera nas suas tábulas os nomes daqueles que devia mandar matar uns após os outros, e que aqueles que, vendo essas tábulas, viram a si próprios entre os proscritos preveniram isso e o mataram.

Apesar de ser uma estranha loucura escrever em suas tábulas: Nota Bene *que devo assassinar em tal dia tais e tais senadores*, contudo é rigorosamente possível que Calígula tenha cometido essa imprudência; mas dizem o mesmo de Domiciano, o mesmo de Cômodo: a coisa torna-se então ridícula e indigna de qualquer crédito.

Tudo o que se conta sobre Cômodo é bem singular. Como imaginar que, quando um cidadão romano queria se desfazer de um inimigo, desse dinheiro ao imperador que se encarregava do assassinato pelo preço combinado? Como acreditar que Cômodo, vendo passar um homem extremamente gordo, deu-se ao prazer de abrir-lhe o ventre para torná-lo mais leve?

É preciso ser imbecil para acreditar em tudo o que Lamprídio conta de Heliogábalo. Segundo ele, esse imperador circuncidou-se para ter mais prazer com as mulheres: quanta piedade! Em seguida, castrou-se para tê-lo ainda mais com os homens. Ele mata, saqueia, massacra, envenena. Quem era Heliogábalo? Uma criança de treze a quatorze anos que a mãe e a avó fizeram nomear imperador e em cujo nome essas duas intrigantes disputavam entre si a autoridade suprema. Foi assim, contudo, que foi escrita a *História romana* desde Tácito. Existe uma ainda mais ridícula: a *História bizantina*. Essa indigna coletânea contém unicamente declamações e milagres: é o opróbrio do espírito humano, como o império grego era o opróbrio da Terra. Os turcos são pelo menos mais sensatos: venceram, usufruíram e escreveram muito pouco.

Capítulo XVI
Sobre difamações

Apraz-me citar o autor do *Essai sur les Moeurs et l'Esprit des nations*, porque vejo que estima a verdade e a anuncia corajosamente. Ele diz que, antes que os livros fossem comuns, a reputação de um príncipe dependia de um único historiador. Nada mais verdadeiro. Um Suetônio nada podia com relação aos vivos; mas julgava os mortos, e ninguém se preocupava em recorrer de seus julgamentos; ao contrário, todo leitor os confirmava, porque todo leitor é malicioso.

Hoje não é bem assim. Admito que, quando a sátira cobre de opróbrio um príncipe, cem ecos repetem a calúnia; mas há sempre uma voz que se eleva contra os ecos e que, ao final, faz com que se calem: foi o que aconteceu com a memória do duque de Orléans, regente da França. As *Philippiques* de La Grange e vinte panfletos secretos imputavam-lhe os maiores crimes; sua filha era tratada como Messalina por Suetônio. Se uma mulher tem dois ou três amantes, logo atribuem-lhe centenas. Em resumo, os historiadores contemporâneos não deixaram de repetir essas mentiras; e, sem o autor do *Siècle de Louis XIV* [Século de Luís XIV], elas ainda teriam crédito na Europa.

Escreveu-se que Joana de Navarra, mulher de Filipe, o Belo, fundadora do colégio de Navarra, admitia em seu leito os estudantes mais bonitos e em seguida mandava jogá-los no rio com uma pedra no pescoço. O público gosta apaixonadamente de tais contos, e os historiadores os servem a seu gosto. Alguns tiram da própria imaginação as anedotas que poderão agradar, ou seja, as mais escandalosas; outros, de mais boa-fé, coletam contos que passaram de boca em boca: pensam ter, em primeira mão, os segredos do Estado, e não hesitam em caluniar um príncipe ou um general do exército por dez pistolas. Foi o que fizeram Gatien de Courtilz, Le Noble, La Dunoyer, La Beaumelle e cem outros infelizes corretores de imprensa refugiados na Holanda.

Se os homens fossem razoáveis, desejariam apenas as histórias que colocassem os direitos dos povos sob seus olhos, as leis segundo as quais cada pai de família pode dispor de seus bens, os acontecimentos que interessam a toda uma nação, os tratados que as ligam às nações vizinhas, os progressos das artes úteis, os abusos que expõem continuamente a maioria à tirania da minoria: mas essa maneira de escrever história é tão difícil quanto perigosa. Seria um estudo para o leitor, e não uma distração. O público prefere as fábulas: é o que recebe.

Capítulo XVII
Sobre os escritores de partido

Audi alteram partem é a lei de todo leitor quando lê a história dos príncipes que disputaram uma coroa ou dos credos que anatematizaram um ao outro.

Se a facção da Liga tivesse prevalecido, Henrique IV seria conhecido, hoje, apenas como um pequeno príncipe de Béarn, debochado e excomungado pelos papas.

Se Ário tivesse derrotado Atanásio no concílio de Nicéia, se Constantino o tivesse apoiado, Atanásio seria hoje considerado um inovador, um herético, um homem de zelo exagerado, que atribuía a Jesus o que não lhe pertencia.

Os romanos caluniaram a fé cartaginesa; os cartagineses não elogiavam a fé romana. Seria preciso ler os arquivos da família de Aníbal para julgar. Eu gostaria de ter até as memórias de Caifás e de Pilatos. Gostaria de ter as da corte do faraó: veríamos como ela se explicaria por ter ordenado a todas as parteiras egípcias que afogassem todos os recém-nascidos hebreus do sexo masculino, e para que servia essa ordem para os judeus, que nunca empregavam parteiras que não fossem judias.

Gostaria de ter os documentos originais do primeiro cisma entre os papas de Roma, entre Novaciano e Cornélio, de suas intrigas, de suas calúnias, do dinheiro dado de ambas as partes e, principalmente, da exaltação dos devotos.

É um prazer ler os livros dos *whigs* e dos tóris. Dizem os *whigs*: os tóris traíram a Inglaterra; dizem os tóris: todos os *whigs* sacrificaram o Estado aos seus interesses. De modo que, a crer nos dois partidos, não existe um único homem de bem na nação.

Era bem pior nos tempos da rosa vermelha e da rosa branca. O senhor de Walpole pronunciou uma grande frase no prefácio de suas *Dúvidas históricas sobre Ricardo III*: "Quando um rei afortunado é julgado, todos os historiadores servem de testemunhas."

Henrique VII, duro e avaro, venceu Ricardo III. Imediatamente todas as penas que começavam a garatujar na Inglaterra pintavam Ricardo III como um monstro tanto de figura quanto de alma. Tinha um ombro ligeiramente mais alto do que o outro e, fora isso, era bastante bonito, como mostram seus retratos; transformam-no num horrível corcunda e dão-lhe um rosto medonho. Cometeu ações cruéis; atribuem-lhe todos os crimes, mesmo aqueles que seriam visivelmente contra seus interesses.

O mesmo aconteceu com Pedro de Castela, cognominado *O Cruel*. Seis bastardos de seu falecido pai incitam contra ele uma guerra civil e querem destroná-lo. Nosso Carlos, o Sábio, se alia a eles e envia contra ele Bertrand du Guesclin. Pedro, com a ajuda do famoso Príncipe Negro, bate os bastardos e os franceses, Bertrand é feito prisioneiro, um dos bastardos é punido: Pedro torna-se então um grande homem.

A fortuna muda; o grande Príncipe Negro deixa de dar apoio ao rei Pedro. Um dos bastardos vai buscar Guesclin, acompanhado de um bando de bandidos, que não tinham nem mesmo outro nome; Pedro é feito prisioneiro; o bastardo Henrique de Trastamara assassina-o indignamente em sua tenda: e Pedro se vê condenado por seus contemporâneos. Fica para sempre conhecido pela posteridade com o cognome de *Cruel*, e os historiadores caem sobre ele como cães sobre um cervo acuado.

Se nos damos ao trabalho de ler as memórias de Maria de Médicis, o cardeal Richelieu é o mais ingrato dos homens, o mais hipócrita e o mais covarde dos tiranos. Leiam, se puderem, as epístolas dedicatórias dirigidas a esse ministro: é o primeiro dos mortais, um herói e mesmo um santo; e o pequeno adulador Sarrasin, macaqueador de Voiture, chama-o de *divino cardeal* em seu ridículo elogio da ridícula tragédia *Amour tyrannique* [Amor tirânico], composta pelo grande Scudéri sob as ordens do cardeal divino.

A memória do papa Gregório VII é execrada na França e na Alemanha. Em Roma ele é canonizado.

Tais reflexões levaram muitos príncipes a não se preocupar com sua reputação; mas esses erraram mais do que todos os outros, pois é melhor, para um homem de Estado, ter uma reputação contestada do que não a ter de modo algum.

Os reis e os ministros não são como as mulheres, das quais se diz que as melhores são aquelas de quem menos se fala. É preciso que um príncipe, um primeiro-ministro ame o Estado e a glória. Algumas pessoas dizem que isso é um defeito moral; mas, se ele não o tiver, jamais fará nada de grande.

Capítulo XVIII
Sobre alguns contos

Acaso existe alguém que não duvide um pouco do pombo que trouxe do céu um vidro de óleo para Clóvis e do anjo que trouxe a auriflama? Clóvis não merecia absolutamente esses favores ao mandar assassinar os príncipes vizinhos. Achamos que a majestade benevolente de nossos reis não precisa dessas fábulas para dispor o povo à obediência e que se pode amar o rei sem milagres.

Não devemos ser mais crédulos quanto à aventura de Florinda, cuja jóia foi partida em dois pelo martelo do rei visigodo da Espanha, dom Roderico, do que quanto à violação de Lucrécia, que ornamenta a história romana.

Coloquemos todos os contos de Gregório de Tours junto com os de Heródoto e os das *Mil e uma noites*. Vamos mandar os trezentos e sessenta mil sarracenos que Carlos Martel matou e que em seguida sitiaram Narbonna, assim como os trezentos mil sibaritas mortos por cem mil crotoniates, para um país que mal pode alimentar trinta mil almas.

Capítulo XIX
Sobre a rainha Brunilda

Os tempos da rainha Brunilda não merecem que nos lembremos deles; mas o suposto suplício dessa rainha é tão estranho que é preciso examiná-lo.

Não é inverossímil que, num século tão bárbaro, um exército composto de bandidos tenha levado a atrocidade de seu furor ao ponto de massacrar uma rainha de setenta e seis anos, insultar-lhe o corpo ensangüentado e arrastá-lo com ignomínia. Estamos falando do tempo em que os dois ilustres irmãos Witt foram despedaçados pela populaça holandesa, que lhes arrancou o coração e foi bastante desnaturada para fazer com eles um abominável repasto. Sabemos que a populaça parisiense tratou assim o marechal Ancre. Sabemos que quis violar as cinzas do grande Colbert.

Tais foram, entre os cristãos setentrionais, as barbáries da escória do povo. Foi assim que, no dia de são Bartolomeu, o corpo do célebre Ramus foi arrastado pelas ruas e açoitado em todas as portas de todos os colégios da Universidade. Esses horrores não foram conhecidos pelos romanos e pelos gregos; na maior fermentação das guerras civis, eles respeitavam ao menos os mortos.

É inegável que Clóvis e seus filhos foram monstros de crueldade; mas, de que Clotário II tenha condenado solenemente a rainha Brunilda a um suplício tão inaudito, tão requintado quanto aquele do qual dizem que ela morreu, é difícil persuadir um leitor atento que pesa as verossimilhanças e que, consultando as fontes, examina se essas fontes são puras. (Ver o que foi dito a esse respeito na *Philosophie de l'Histoire*, que serve de introdução ao *Essai sur les Moeurs et l'Esprit des nations depuis Charlemagne* [Ensaio sobre os costumes e o espírito das nações desde Carlos Magno] etc.)

Capítulo XX
Das doações de Pipinus ou Pepino, o Breve, à Igreja de Roma

O autor do *Essai sur les Moeurs et l'Esprit des nations* duvida, com os maiores publicistas da Alemanha, que Pepino da Austrásia tenha dado o exarcado de Ravena ao bispo de Roma Estêvão III; não acredita que essa doação seja mais autêntica que o aparecimento de são Pedro, são Paulo e são Denis, acompanhados por um diácono e um subdiácono, que desceram do céu empíreo para curar o bispo Estêvão da febre, no monastério de Saint-Denis. Não a acredita mais autêntica do que a carta escrita e assinada no céu por são Paulo e são Pedro ao mesmo Pepino da Austrásia, ou do que todas as lendas desses tempos selvagens.

Mesmo que essa doação do exarcado de Ravena tivesse sido realmente feita, não teria mais validade que a concessão de uma ilha feita por Dom Quixote a seu escudeiro Sancho Pança.

Pepino, mordomo do jovem Childerico, rei dos francos, não passava de um criado rebelde que se tornou usurpador. Não apenas destronou seu senhor pela força e pela astúcia, como o aprisionou num antro de monges e deixou-o morrer de miséria. Tendo expulsado os dois irmãos, que dividiam com ele uma autoridade usurpada; tendo forçado um deles a se retirar à residência do duque da Aquitânia e o outro a se tonsurar e a se enterrar vivo na abadia do Monte Cassino; tendo-se tornado finalmente senhor absoluto, fez-se sagrar rei dos francos, à maneira dos reis lombardos, por são Bonifácio, bispo de Mainz: estranha cerimônia para um santo, coroar e consagrar a rebelião, a ingratidão, a usurpação, a violação das leis divinas e humanas e também as da natureza! Com que direito esse austrasiano poderia ter dado as províncias de Ravena e Pentápolis a um bispo de Roma? Elas pertenciam, assim como Roma, ao imperador grego. Os lombardos tinham-se apoderado do exarcado; nunca nenhum bispo, até essa época, pretendera alguma soberania. Essa pretensão teria revoltado todos os espíritos, pois toda novidade os revolta; e tal pretensão, num pastor da Igreja, é tão autenticamente proscrita no Evangelho, que só se podia introduzir com o tempo e gradativamente essa mistura da grandeza temporal com a espiritual, ignorada em toda a cristandade durante oito séculos.

Os lombardos haviam se tornado senhores do país inteiro, de Ravena até as portas de Roma. O rei Astolfo pretendia que, após ter-se apoderado do exarcado de Ravena, Roma pertencia-lhe de direito, já que Roma, havia muito tempo, era governada pelo exarcado imperial: pretensão tão injusta quanto a do papa.

Roma era então governada por um duque e pelo senado, em nome do imperador Constantino, estigmatizado na comunidade romana pelo apelido de *Copronimo*. O bispo tinha enorme crédito na cidade, por sua posição e suas riquezas, crédito que a habilidade pode aumentar até convertê-lo em autoridade. Torna-se deputado de seus diocesanos junto ao novo rei Pepino, para pedir sua proteção contra os lombardos. Os francos já haviam feito mais de uma irrupção na Itália. Esse país, que fora o objeto das incursões dos gauleses, atraíra muitas vezes os francos, seus vencedores, que se incorporaram a eles. O prelado foi muito bem recebido. Pepino acreditava precisar dele para solidificar sua autoridade, combatida pelo duque da Aquitânia, por seu próprio irmão, pelos bávaros e pelos *leudes*, francos ainda ligados à casa destronada. Fez-se então sagrar uma segunda vez pelo papa, não tendo dúvidas de que a unção recebida do primeiro bispo do Ocidente teria bem mais influência sobre os povos do que a de um novo bispo de um país bárbaro. Mas, se tivesse, nesse momento, dado o exarcado de Ravena a Estêvão III, teria dado uma província que não lhe pertencia, que não estava em seu poder e sobre a qual não tinha nenhum direito.

Tornou-se mediador entre o imperador e o rei lombardo: assim, é evidente que não tinha então nenhuma pretensão sobre a província de Ravena. Astolfo recusa a mediação e vem desafiar o príncipe franco em Milão; logo é obrigado a se retirar para a Pavia, onde, dizem, faz um acordo pelo qual "colocará o exarcado em seqüestro nas mãos de Pepino para devolvê-lo ao imperador". Assim, mais uma vez, Pepino não podia apoderar-se dessa província nem dá-la a outros. O lombardo se comprometia ainda a devolver ao santo papa alguns castelos, alguns domínios nos arredores de Roma, então chamados de justiças de são Pedro, concedidos a seus predecessores pelos imperadores que eram seus senhores.

Mal Pepino havia partido, após ter saqueado Milão e o Piemonte, quando o rei lombardo vem se vingar dos romanos, que haviam chamado os francos para a Itália. Sitia Roma; Pepino acorre uma segunda vez; faz com que lhe dêem muito dinheiro, como na sua primeira invasão; e até impõe ao lombardo um tributo anual de doze mil escudos de ouro.

Mas que doação podia fazer? Se a posse do exarcado fora dada a Pepino como seqüestro, como ele podia dá-lo ao papa, se ele próprio reconhecera, por um tratado solene, que se tratava de um domínio do imperador? Que caos, e quantas contradições!

Capítulo XXI
Outras dificuldades a respeito da doação de Pepino aos papas

A história era então escrita com tão pouca exatidão, os manuscritos corrompidos com tanta desenvoltura, que encontramos na vida de Carlos Magno escrita por Éginhard, seu secretário, as seguintes palavras: "Pepino foi reconhecido rei por ordem do papa; *jussu summi pontificis.*" Das duas, uma: ou o manuscrito de Éginhard foi falsificado, ou esse Éginhard disse uma insigne mentira. Nenhum papa até então arrogara-se o direito de dar nenhuma cidade, nenhum vilarejo, nenhum castelo; teria repentinamente começado dando todo reino da França? Essa doação seria ainda mais extraordinária do que a da província inteira que, segundo se pretende, Pepino deu ao papa. Ambos teriam, cada qual por sua vez, dado presentes que não lhes pertenciam absolutamente. O autor italiano, que escreveu em 1722, para fazer crer que originalmente Parma e Piacenza haviam sido concedidas à Santa Sé, como uma dependência do exarcado, não duvida que os imperadores gregos tivessem sido justamente despojados de seus direitos sobre a Itália, "porque, diz ele, eles haviam sublevado os povos contra Deus"[16]. E como os imperadores, pergunto eu, sublevaram os povos contra Deus? Querendo que se adorasse apenas a Deus e não imagens, segundo o uso dos três primeiros séculos da primitiva Igreja. Já está demonstrado que, nos três primeiros séculos dessa primitiva Igreja, era proibido colocar imagens, erigir altares, vestir casulas e sobrepelizes, queimar incenso nas assembléias cristãs; e no século VII era uma impiedade não ter imagens. Assim, tudo é variação no Estado e na Igreja.

Mas, mesmo que os imperadores gregos fossem ímpios, seria justo e religioso da parte de um papa fazer com que um homem vindo da Austrásia lhe doasse o patrimônio de seus senhores?

O cardeal Belarmino supõe coisa bem pior. "Os primeiros cristãos, diz ele, só suportavam os imperadores porque eles não eram os mais fortes"[17]; e, o que parece ainda mais estranho, Belarmino não faz mais do que seguir a opinião de santo Tomás. Baseado nisso, o italiano que quer de todo modo dar, hoje, Parma e Piacenza ao papa acrescenta estas palavras singulares: "Ainda que Pepino não tivesse o domínio do exarcado, ele podia privar seus proprietários desse domínio e transferi-lo ao apóstolo são Pedro e, através dele, ao papa."

....

16. Página 120 da segunda parte da *Dissertation historique sur les duchés de Parme et de Plaisance* [Dissertação histórica sobre os ducados de Parma e Piacenza].

17. *De rom. Pont.*, livro XV, cap. VII.

O que esse bravo italiano acrescenta ainda a todas essas grandes máximas não é menos curioso: "Esse ato, diz ele, não foi apenas uma simples doação, foi uma restituição"; e declara que no ato original, que ninguém nunca viu, Pepino utilizara a palavra restituição; o que Barônio já afirmara. E por que o exarcado de Ravena era restituído ao papa? "Porque, segundo eles, o papa sucedera de pleno direito aos imperadores, por causa de sua heresia."

Se assim é, não devemos nunca mais falar da doação de Pepino; devemos somente deplorar esse príncipe por só ter devolvido ao papa uma pequeníssima parte de seus Estados. Deveria, com toda certeza, ter-lhe dado toda a Itália, a França, a Alemanha, a Espanha e mesmo, se fosse preciso, todo o Império do Oriente.

Continuemos: a matéria parece interessante; pena que nossos historiadores nada tenham dito sobre tudo isso.

O suposto Anastásio, na vida de Adriano, afirma solenemente que "Pepino declarou ter vindo à Itália reduzir tudo a fogo e sangue somente para dar o exarcado ao papa e para obter a remissão de seus pecados". Seguramente as coisas mudaram muito desde então; duvido que hoje se encontrasse algum príncipe que viesse à Itália com um exército unicamente pela salvação de sua alma.

Capítulo XXII
Fábula; origem de todas as fábulas

Não posso despedir-me desse italiano, que torna o papa senhor do mundo inteiro, sem dizer algumas palavras sobre a origem desse direito. Ele repete, com base em cem autores, que foi o diabo que prestou tal serviço à Santa Sé; foi assim:

Dois judeus, grandes magos, encontraram um dia um jovem condutor de asnos que tinha grandes dificuldades para controlar seu animal; consideraram-no atentamente, observaram as linhas de sua mão e perguntaram-lhe o nome: apesar de já deverem sabê-lo, pois eram magos. O jovem disse chamar-se Conon, e eles viram claramente por esse nome e pelas linhas de sua mão que um dia ele seria imperador com o nome de Leão III; e como única recompensa pela predição pediram-lhe que, assim que fosse empossado, não deixasse de abolir o culto das imagens.

O leitor vê instantaneamente o prodigioso interesse que tinham esses dois judeus em ver os cristãos retomar o uso da primitiva Igreja. É bem mais plausível que preferissem ter o privilégio exclusivo de vender imagens que o de fazer com que fossem destruídas. Leão III, a nos fiarmos em cem historiadores esclarecidos e verídicos, só se declarou contra o culto dos quadros e das estátuas para agradar aos dois judeus. Era o mínimo que podia fazer. Assim que ele foi declarado herético, o Oriente e o Ocidente foram entregues de pleno direito à sé episcopal de Roma.

Era justo, e da ordem da Providência, que um papa Leão III depusesse a raça de um imperador Leão III; mas, por moderação, ele só deu o título de imperador a Carlos Magno, reservando para si o direito de criar césares e uma autoridade divina sobre eles: o que é demonstrado por todos os escritores da corte de Roma, assim como tudo o que demonstram.

Capítulo XXIII
Sobre as doações de Carlos Magno

O bibliotecário Anastásio diz, mais de cem anos depois, que *a carta dessa doação está conservada em Roma*. Mas, se esse título existiu, por que já não é encontrado? Ainda existem em Roma cartas bem anteriores. Um documento que doava uma província teria sido guardado com o maior cuidado. Ademais, o referido Anastásio provavelmente nunca escreveu nada daquilo que lhe atribuem: é o que admitem Labbe e Cave. Além disso, não se sabe precisamente quem era Anastásio. Depois, quem irá confiar nos manuscritos encontrados com os monges?

Dizem que Carlos Magno, por um excesso de zelo, fez uma nova doação em 774. Quando, perseguindo na Itália os infortunados sobrinhos, que ele despojou da herança do pai, e tendo esposado uma nova mulher, devolveu duramente a Didier, rei dos lombardos, a filha deste, que ele repudiara, sitiou o rei, seu sogro, e tornou-o prisioneiro. Não se pode duvidar de que Carlos Magno, favorecido pelas intrigas do papa Adriano nessa conquista, lhe tenha concedido o útil domínio de algumas cidades na Marca de Ancona: esse é o sentimento do senhor Voltaire. Mas, quando num ato são encontradas coisas evidentemente falsas, elas tornam o resto do ato um pouco suspeito.

O mesmo pretenso Anastásio supõe que Carlos Magno tenha dado ao papa a Córsega, a Sardenha, Parma, Mântua, os ducados de Spoleto e Benevento, a Sicília e Veneza, o que é uma falsidade comprovada. Escutemos, sobre essa mentira, o autor do *Essai sur les Moeurs* etc.

"Poderíamos equiparar essa doação com a de Constantino. Sabemos que os papas nunca possuíram essas regiões até a época de Inocêncio III. Se possuíssem o exarcado, teriam sido soberanos de Ravena e Roma; mas, no testamento de Carlos Magno, que Éginhard conservou, esse monarca nomeia, em primeiro lugar, como as cidades metropolitanas que lhe pertencem, Roma e Ravena, às quais oferece presentes. Não poderia dar nem a Sicília, nem a Córsega, nem a Sardenha, que não possuía; nem o ducado de Benevento, do qual tinha, no máximo, a soberania; menos ainda Veneza, que não o reconhecia como imperador. O duque de Veneza reconhecia então, formalmente, o imperador do Oriente e recebia o título de hipateu. As cartas do papa Adriano falam dos patrimônios de Spoleto e Benevento; mas esses patrimônios só podem ser entendidos como os domínios que os papas possuíam nesses dois ducados. O próprio Gregório VII admite em suas cartas que Carlos Magno dava mil e duzentas libras de pensão à Santa Sé. Não é verossímil que desse tal auxílio àquele que possuísse tantas províncias belas. A Santa Sé só teve Benevento muito tempo depois, pela muito equívoca concessão que se acredita que o imperador Henrique, o Negro, lhe fez no ano de 1047. Essa concessão reduziu-se à cidade e não se estendeu ao ducado; não foi o caso de confirmar a doação de Carlos Magno.

"O que se pode recolher de mais provável no meio de tantas dúvidas é que, na época de Carlos Magno, os papas obtiveram a propriedade de uma parte da Marca de Ancona, além das cidades, castelos e burgos que tinham nas outras regiões. Eu poderia me fundar no seguinte. Quando o Império do Ocidente renasceu na família dos Oto, no século X, Oto III atribuiu particularmente à Santa Sé a Marca de Ancona, confirmando todas as concessões feitas a essa Igreja: parece, então, que Carlos Magno havia dado essa Marca e que os distúrbios ocorridos desde então na Itália haviam impedido os papas de usufruir dela. Veremos que perderam em seguida o domínio útil dessa pequena província sob o império da casa da Suábia. Nós os veremos ora grandes proprietários fundiários, ora privados de quase tudo, como muitos outros soberanos. Que nos baste saber que possuem, hoje, a soberania reconhecida de uma região da Itália de cento e oitenta milhas de comprimento, das portas de Mântua até os confins de Abruzos, às margens do mar Adriático, e que possuem mais de cem milhas de largura, de Civita-Vecchia até as costas de Ancona, de um mar a outro. Foi preciso negociar sempre e combater às vezes para garantir essa dominação."

Acrescentarei, a esses fatos verossímeis, uma razão que me parece bem significativa. A pretensa carta de Carlos Magno é uma doação real. Ora, acaso se faz uma doação de uma coisa que já foi dada? Se eu devesse defender essa causa diante de um tribunal justo e imparcial, eu só teria que alegar a pretensa doação de Carlos Magno para invalidar a pretensa doação de Pepino; mas, o que há ainda de mais forte contra todas essas suposições, é que nem Andelme, nem Aimoin, nem mesmo Éginhard, secretário de Carlos Magno, falam disso. Éginhard faz um minucioso relatório circunstanciado dos legados piedosos deixados por Carlos Magno, por testamento, a todas as igrejas de seu reino. "Sabe-se, diz ele, que existem vinte e uma cidades metropolitanas nos Estados do imperador." Cita Roma em primeiro lugar e Ravena em segundo. Não é certo, por esse enunciado, que Roma e Ravena não pertenciam aos papas?

Capítulo XXIV
Que Carlos Magno exerceu os direitos dos imperadores romanos

Parece-me que não podemos buscar a verdade com mais candura, nem nos aproximarmos mais dela em meio à incerteza em que a história desses tempos nos deixa. Esse autor imparcial parece ter certeza de que Carlos Magno exerceu tanto quanto pôde todos os direitos do império no Ocidente. Essa asserção é conforme a tudo o que os historiadores contam, aos monumentos que nos restam e ainda mais à política, já que é característico do homem estender sua autoridade tanto quanto possível.

Por essa razão, Carlos Magno atribuiu-se o poder legislativo sobre Veneza e Benevento, que o imperador grego disputava e que, efetivamente, não pertencia nem a um nem a outro; pela mesma razão, o duque ou doge de Veneza, João, tendo matado um bispo em 802, foi acusado perante Carlos Magno. Poderia tê-lo sido perante a corte de Constantinopla; mas nem as forças do Oriente, nem as do Ocidente podiam penetrar nesses recantos; e Veneza, no fundo, era livre apesar de ter dois imperadores. Os doges pagaram durante algum tempo um manto de ouro aos mais fortes; mas o chapéu da liberdade sempre permaneceu numa cidade irredutível.

Capítulo XXV
Sobre a forma do governo de Roma sob Carlos Magno

É uma grande questão entre os políticos saber qual foi precisamente a forma do governo de Roma, quando Carlos Magno se declarou imperador pela aclamação do povo e sob os auspícios do pontífice Leão III. Carlos governou na qualidade de cônsul e de patrício, título que ganhara em 774? Que direitos foram deixados ao bispo? Que direitos conservaram os senadores, que eram chamados de *patres conscripti*? Que privilégios conservaram os cidadãos? Nenhum historiador nos informa, tanto a história sempre foi escrita com negligência!

Qual foi precisamente o poder de Carlos Magno em Roma? Tanto se escreveu sobre isso que não sabemos. Deixou ali um governador? Impôs tributos? Governava Roma como a imperatriz-rainha da Hungria governa Milão e Bruxelas? Sobre isso não resta nenhum vestígio.

Vejo Roma, desde a época do imperador Leão III, o Isauro, como uma cidade livre, protegida pelos francos, em seguida pelos germanos; que governou a si mesma tanto quanto pôde como república, mais sob a proteção que sob o poder dos imperadores; na qual o sumo pontífice sempre teve o primeiro crédito e que, finalmente, foi inteiramente submetida aos papas.

Os cidadãos dessa célebre cidade sempre aspiraram à liberdade, assim que viam a menor possibilidade dela; sempre fizeram os maiores esforços para impedir os imperadores, francos ou germanos, de residir em Roma e os bispos de se tornarem os senhores absolutos.

Esse é o nó de toda a história do Império do Ocidente desde Carlos Magno até Carlos V. Foi esse o fio que guiou o autor do *Essai sur les Moeurs* etc. nesse grande labirinto.

Os cidadãos romanos foram quase sempre os senhores do mausoléu de Adriano, dessa fortaleza de Roma, chamada desde então de castelo Santo Ângelo, na qual tantas vezes deram asilo a seu bispo contra a violência dos alemães: disso advém que hoje os imperadores, apesar do título de rei dos romanos, não tenham uma única casa em Roma. Não é nem mesmo dito que Carlos Magno tenha tomado posse desse mausoléu de Adriano. Eu perguntaria também por que Carlos Magno nunca tomou o título de augusto.

Capítulo XXVI
Sobre o poder papal em Roma e sobre os patrícios

Viu-se desde então, muitas vezes, cônsules e patrícios em Roma que se tornaram os senhores desse castelo em nome do povo. O papa João XII ocupava-o como patrício contra o imperador Oto I. O cônsul Crescêncio aí sustentou um longo sítio contra Oto III e expulsou de Roma o papa Gregório V, que Oto nomeara. Após a morte do cônsul, os romanos expulsaram de Roma esse mesmo Oto, que raptara a viúva do cônsul e que fugiu com ela.

Os cidadãos concederam um refúgio ao papa Gregório VII nessa fortaleza, quando o imperador Henrique

IV entrou em Roma à força em 1083. Esse pontífice tão orgulhoso não ousava sair do asilo. Dizem que propôs ao imperador coroá-lo fazendo descer sobre sua cabeça, do alto do castelo, uma coroa amarrada com um barbante; mas Henrique IV não quis essa cerimônia ridícula. Preferiu se fazer coroar por um novo papa que ele próprio nomeara.

Os romanos conservaram tanto orgulho em sua decadência e em sua humilhação que, quando Frederico Barba-Roxa veio a Roma em 1155 para se fazer coroar, os deputados do povo que o receberam na porta lhe disseram: "Lembra-te que nós te transformamos num cidadão romano, de estrangeiro que eras."

Gostavam que os imperadores fossem coroados em sua cidade; mas, de um lado, não suportavam que nela morassem e, de outro, nunca permitiram que nenhum papa se intitulasse soberano de Roma: e efetivamente nunca se cunhou nenhuma moeda na qual se desse esse título a seu bispo.

Em 1114, os cidadãos elegeram um tribuno do povo, e o papa Lúcio II, que se opôs, foi morto no tumulto.

Finalmente, os papas só se tornaram de fato senhores em Roma quando tiveram o castelo de Santo Ângelo em seu poder. Ainda hoje a chancelaria alemã considera o imperador o único soberano de Roma, e o sagrado colégio considera o imperador somente o primeiro vassalo de Roma, protetor da Santa Sé. Essa é a verdade desenvolvida no *Essai sur les Moeurs* etc.

O sentimento do autor que cito é, pois, que Carlos Magno teve o domínio supremo e que concedeu à Santa Sé muitos domínios úteis, cuja soberania os papas só conquistaram muito tempo depois.

Capítulo XXVII
Tolice infame do escritor que tomou o nome de Chiniac de La Bastide Duclaux, advogado no parlamento de Paris

Após esse relato fiel, devo testemunhar minha surpresa com o que acabo de ler num novo comentário do discurso do célebre Fleury sobre as liberdades da Igreja galicana. Vou reproduzir as próprias palavras do comentador, que se oculta sob o nome de *doutor Pierre de Chiniac de La Bastide Duclaux, advogado no parlamento.* Certamente não existe nenhum advogado que escreva nesse estilo.

"Se consultássemos apenas os Voltaire e outros de sua laia, de fato só encontraríamos problemas e imposturas em nossos historiadores." Em seguida, esse amável e educado comentador, depois de ter atacado as pessoas *de nossa laia* com expressões realmente dignas de um marinheiro, acredita nos ensinar que há em Ravena uma pedra quebrada sobre a qual estão inscritas as seguintes palavras: *"Pipinus pius primus amplifieandae Ecclesiae viam aperuit, et exarchatum Ravennae cum amplissimis...* – O piedoso Pepino foi o primeiro a abrir o caminho para a ampliação da Igreja, e o exarcado de Ravena com grandíssimos..." Falta o resto. Nosso gracioso comentador toma essa inscrição como um testemunho autêntico. Há muito conhecemos essa pedra: e eu não precisaria de outra prova da falsidade da doação. A pedra só apareceu no século X: não foi produzido nenhum outro monumento para assegurar aos papas o exarcado; assim, eles não existiam. Se hoje aparecesse uma pedra quebrada com uma inscrição certificando que o piedoso

Francisco I doara o Louvre aos sapateiros, acaso o parlamento consideraria essa pedra um título jurídico? E a Academia das inscrições a integraria às suas coleções?

O latim ridículo desse belo monumento não é, na verdade, uma marca de inautenticidade; mas a clara mentira sobre Pepino, sim. A inscrição afirma que *Pepino foi o primeiro a abrir o caminho.* Isso é falso: antes dele, Constantino doara terras ao bispo e à igreja de são João de Latrão de Roma até a Calábria. Os bispos de Roma obtiveram novas terras dos imperadores posteriores na Sicília, na Toscana, na Úmbria; tinham as justiças de São Pedro e domínios em Pentápolis. É muito provável que Pepino tenha aumentado esses domínios. De que se queixa, pois, o comentador? O que pretende? Por que diz que o autor do *Essai sur les Moeurs et l'Esprit des nations* "não é suficientemente versado no assunto ou é falso demais para merecer qualquer atenção"? Que falsidade, digam-me, há em expressar sua opinião sobre Ravena e sobre Pentápolis? Admitimos que o comentador fala, desse modo, como um digno comentador; mas não, parece-nos, como homem versado *no assunto*, nem versado na educação, nem mesmo versado no senso comum.

O autor do *Essai sur les Moeurs* etc., que afirma pouco, baseia-se contudo no próprio testamento de Carlos Magno para afirmar que ele era soberano de Roma e de Ravena e que, conseqüentemente, não havia dado Ravena ao papa. Carlos Magno deixa legados a essas cidades, que chamava de *nossas principais cidades*. Ravena era a cidade do imperador, e não do papa.

O que há de mais estranho é que o próprio comentador está inteiramente de acordo com meu autor: só escreve baseado nele; quer provar, como ele, que Carlos

Magno tinha o poder supremo em Roma e, esquecendo repentinamente a situação da questão, explode em invectivas ridículas contra seu próprio guia. Encoleriza-se por não saber qual era a extensão e o limite do novo poder de Carlos Magno em Roma. Não sei mais do que ele e, contudo, conformo-me. É provável que esse poder fosse bastante mitigado para não chocar demais os romanos. Pode-se ser imperador sem ser despótico. O poder dos imperadores da Alemanha é hoje muito limitado pelo poder dos eleitores e dos príncipes do império. O comentador pode permanecer sem pudores na sua perdoável ignorância; mas não se deve dizer grandes injúrias porque se é um ignorante, pois, quando se dizem injúrias sem espírito, não se pode nem agradar nem instruir: o público deseja que elas sejam refinadas, engenhosas e oportunas. E à própria inocência ultrajada só muito raramente cabe desmentir a calúnia no estilo das *Philippiques*; e talvez só seja permitido agir desse modo quando a calúnia põe em perigo um homem de bem: pois, nesse caso, trata-se de lutar contra uma serpente e não estamos na mesma situação de Tartufo, que se culpava por *ter matado uma pulga com um excesso de cólera*.

Capítulo XXVIII
Sobre uma calúnia abominável e uma impiedade horrível do pretenso Chiniac

Que alguém se engane sobre uma inscrição de Pepino, o Breve, ainda passa, já que o papa não tem, sobre Ravena, um direito menos confirmado pelo tempo e pelo consentimento de todos os príncipes; a maioria das origens são suspeitas, e um direito reconhecido por todos é incontestável.

Mas com que topete o pretenso Chiniac de La Bastide Duclaux, comentador das liberdades da Igreja galicana, pode citar esta abominável passagem que diz ter lido num dicionário? "Jesus Cristo foi o mais hábil charlatão e o maior impostor que já apareceu desde os primórdios do mundo." Somos naturalmente levados a crer que um homem que cita tão horrível passagem com confiança não a inventou. Quanto mais extrema é a atrocidade, menos imaginamos que seja uma ficção. Acreditamos verdadeira a citação, justamente por ser abominável; contudo não existe uma só palavra nem a menor sombra de uma tal idéia no livro de que fala esse Chiniac. Seria isso uma liberdade galicana? Li muito atentamente o livro que ele cita; sei que é uma coletânea de artigos traduzidos de lorde Shaftesbury, de lorde Bolingbroke, de Trenchard, de Gordon, do doutor Middleton, do célebre Abauzit e outros textos conhecidos que estão palavra por palavra no grande *Dicionário enciclopédico*, tal como o verbete Messias, que é integralmente de um pastor de uma igreja reformada e cujo original possuímos.

Não apenas a infame citação do pretenso Chiniac não se encontra em nenhum lugar desse livro, como posso assegurar que não se encontra em nenhum dos livros escritos contra a religião cristã, desde Celso e do imperador Juliano: o dever de minha condição é lê-los para melhor responder a eles, já que tenho a honra de ser bacharel em teologia. Li tudo o que há de mais vigoroso e de mais frívolo. O próprio Woolston e Jean-Jacques Rousseau, que ousaram negar tão audaciosamente os milagres de Nosso Senhor Jesus Cristo, não escreveram uma só linha que tenha a mais tênue semelhança com essa horrível idéia; ao contrário, votam a Jesus Cristo o mais profundo respeito e sobretudo Woolston se limita a tomar os milagres de Nosso Senhor como tipos e parábolas.

Afirmo intrepidamente que, se essa insolente blasfêmia estivesse em algum livro infame, mil vozes se teriam elevado contra o monstro que a tivesse vomitado. Finalmente, desafio Chiniac a me mostrá-la em algum lugar fora de seu libelo; aparentemente ele usou esse subterfúgio para blasfemar, às ocultas, contra nosso Salvador, como blasfema a torto e a direito contra nosso santo pai, o papa, e muitas vezes contra os bispos: acreditou poder ser criminoso impunemente, pegando suas flechas infernais numa aljava sagrada e cobrindo de opróbrio a religião, que finge defender. Não creio que exista exemplo de calúnia tão impudente, de fraude tão baixa, de impiedade tão terrível; e penso que Deus me perdoará se eu disser algumas injúrias a esse Chiniac.

É preciso sem dúvida ter abdicado de todo pudor, como ter perdido toda razão, para chamar Jesus Cristo de *charlatão* e de *impostor*; ele que sempre viveu na humilde obscuridade; ele que jamais escreveu uma única linha, enquanto modernos doutores tão pouco doutos nos assolam com grossos volumes sobre questões de que ele nunca falou; ele que se submeteu do nascimento até a morte à religião na qual nasceu; ele que aconselhou todas as observâncias religiosas, que nada mais pregou além do amor de Deus e do próximo; que sempre falou de Deus apenas como de um pai, segundo o uso dos judeus; que, longe de se outorgar alguma vez o título de Deus, disse, morrendo[18]: *Vou encontrar meu pai, que é*

---

18. Jo 20, 17.

vosso pai; meu Deus, que é vosso Deus; ele, enfim, cujo santo zelo condena tão vigorosamente a hipocrisia e os furores dos novos charlatães que, na esperança de obter um pequeno benefício ou de servir a um partido que os protege, seriam capazes de empregar o ferro ou o veneno, como empregaram as convulsões e as calúnias.

Tendo em vão procurado por mais de três meses a citação do pretenso Chiniac, e tendo pedido a meus amigos o favor de procurá-la também, todos nós fomos obrigados, com horror, a ler mais de quatrocentos volumes contra o cristianismo, tanto em latim como em inglês, italiano, francês e alemão. Protestamos, diante de Deus, que a blasfêmia em questão não está em nenhum desses livros. Acreditamos, finalmente, que poderia estar no discurso que serve de prefácio à *Abrégé de l'Histoire ecclésiastique* [Súmula da história eclesiástica]. Pretende-se que essa introdução seja de um herói filósofo nascido numa religião diferente da nossa: gênio sublime, dizem, que cultuou igualmente Marte, Minerva e as Graças; mas que, tendo a infelicidade de não ter nascido católico romano e encontrando-se sob o jugo da reprovação eterna, entregou-se demasiado aos ensinamentos enganadores da razão, que confunde incontestavelmente todos os que escutam exclusivamente a ela. Não concebo nenhum juízo temerário; estou longe de pensar que tão grande homem não seja cristão. Eis as palavras desse prefácio:

"O estabelecimento da religião cristã teve, como todos os impérios, débeis primórdios. Um judeu do mais baixo do povo, cujo nascimento é duvidoso; que mistura, aos absurdos de antigas profecias hebraicas, preceitos de uma boa moral; ao qual se atribuem milagres e que acaba sendo condenado a um suplício ignominioso, é o herói dessa seita. Doze fanáticos se espalham do oriente até a Itália; conquistam os espíritos pela moral tão santa e tão pura que pregavam; e, se excetuarmos alguns milagres próprios a impressionar as imaginações ardentes, ensinavam apenas o deísmo. Essa religião começava a se difundir numa época em que o império romano gemia sob a tirania de alguns monstros que o governaram consecutivamente. Durante esses reinados de sangue, o cidadão, exposto a todas as desgraças que podem assolar a humanidade, só encontrava consolo e apoio contra tão grandes males no estoicismo. A moral dos cristãos parecia-se com essa doutrina, e essa é a única causa da rapidez dos progressos que essa religião fez. Desde o reinado de Cláudio, os cristãos formavam numerosas assembléias em que faziam ágapes, que eram jantares em comunidade."

Essas palavras são audaciosas, são de um *soldado que não sabe edulcorar* o que acredita ser *a verdade*; mas, no final das contas, elas dizem positivamente o contrário da blasfêmia anunciada por Chiniac.

A religião cristã teve débeis primórdios, todos concordam com isso. *Um judeu do mais baixo povo*, nada era mais verdade aos olhos dos judeus. Eles não podiam imaginar que ele nascera de uma virgem e do Espírito Santo, e que José, marido de sua mãe, descendia do rei Davi. Além disso, não existe *mais baixo* aos olhos de Deus; perante ele todos os homens são iguais.

Doze fanáticos se espalham do oriente até a Itália. O termo *fanático*, entre nós, é muito odioso e seria uma terrível impiedade chamar assim aos apóstolos; mas, se na língua materna do autor esse termo só quer dizer *per-*

suadido, zeloso, não temos nenhuma crítica a fazer-lhe; parece-nos mesmo muito verossímil que ele não tenha nenhuma intenção de ultrajar os apóstolos, já que compara os primeiros cristãos com os respeitáveis estóicos. Em suma, não estamos fazendo a apologia dessa obra; e, assim que nosso santo pai, o papa, juiz imparcial de todos os livros, a tiver condenado, não deixaremos de condená-la de coração e de boca.

Capítulo XXIX
Erro crasso de Chiniac

O pretenso Chiniac de La Bastide Duclaux respondeu que as palavras por ele citadas estão no *Militaire philosophe* [Militar filósofo], não precisamente palavra por palavra, mas no mesmo sentido. O *Militaire philosophe* é, dizem, do senhor Saint-Hyacinthe, que foi porta-estandarte dos dragões em 1685 e que, com a revogação do edito de Nantes, participou da famosa dragonada. Mas, examinemos as palavras do *Militaire*[19].

"Eis, após maduras reflexões, o juízo que faço da religião cristã. Acho-a absurda, extravagante, injuriosa a Deus, perniciosa para os homens; facilitando e mesmo autorizando as rapinas, as seduções, a ambição, o interesse de seus ministros e a revelação dos segredos das famílias; vejo-a como uma fonte inesgotável de assassinatos, crimes e atrocidades cometidas em seu nome; ela me parece uma chama de discórdia, ódio, vingança, e uma más-

---

19. Capítulo IX, p. 85 da última edição.

cara sob a qual a hipocrisia se oculta para enganar mais habilmente todos aqueles cuja credulidade lhe é útil; finalmente, vejo nela o escudo da tirania contra os povos que ela oprime e o chicote dos bons príncipes quando não são supersticiosos. Com essa idéia de vossa religião, mais do que o direito de abandoná-la, tenho a mais estrita obrigação de renunciar a ela e ter-lhe horror, de lamentar ou desprezar os que a pregam e de condenar à execração pública os que a sustentam com suas violências e perseguições."

Esse fragmento é uma invectiva sangrenta contra os abusos da religião cristã, tal como vem sendo praticada há muitos séculos, mas não contra a pessoa de Jesus Cristo, que aconselhou exatamente o contrário. Jesus não ordenou *a revelação dos segredos das famílias*. Longe de favorecer a ambição, ele a anatematizou; disse em termos formais: "Não haverá nem primeiro nem último entre vós; – o filho do homem não veio para ser servido, mas para servir."[20] É uma mentira sacrílega dizer que nosso Salvador autorizou a *rapina*. Certamente não é a predicação de Jesus "que é uma fonte inesgotável de assassinatos, crimes e atrocidades cometidos em seu nome". É visível que abusaram destas palavras: "Não vim para trazer a paz, mas o gládio"[21]; e destas outras passagens: "Que aquele que não escutar a Igreja seja considerado um pagão ou um publicano[22]; – Obriga-os a entrar. Se alguém vem a mim e não odeia pai e mãe, mulher e filhos, irmãos e irmãs e também os amigos, ele não pode

....
20. Mt 20, 27-28.
21. Mt 10, 34.
22. Mt 18, 17.

ser meu discípulo"[23]; e, finalmente, as parábolas nas quais está dito que o mestre "mandou lançar nas trevas exteriores, com mãos e pés atados, aquele que não vestia os trajes nupciais numa refeição"[24]. Esses discursos, esses enigmas, são bastante explicados por todas as máximas evangélicas que ensinam a paz e a caridade. E, mesmo, nunca foi nenhuma dessas passagens que suscitou a menor disputa. As discórdias, as guerras civis só começaram com as disputas sobre o dogma. Do amor-próprio nasce o espírito de partido, e o espírito de partido suscita o derramamento de sangue. Se o espírito de Jesus tivesse sido observado, o cristianismo teria sempre se mantido em paz. O senhor de Saint-Hyacinthe está pois errado em censurar ao cristianismo o que se deve censurar apenas a muitos cristãos.

A proposição do *Militaire philosophe* é pois tão dura quanto a blasfêmia do pretenso Chiniac é pavorosa.

Concluamos que o pirronismo histórico é muito útil, pois se, dentro de cem anos, o *Commentaire des Libertés gallicanes* [Comentário das liberdades galicanas] e o *Militaire philosophe* caírem nas mãos de um desses indivíduos que gostam de pesquisas, de anedotas, e se esses dois livros não tiverem sido refutados em sua época, não se terá o direito de acreditar que, no século desses autores, blasfemava-se abertamente contra Jesus Cristo? É pois muito importante aniquilá-los desde já e impedir que Chiniac calunie seu século.

Não é de surpreender que esse mesmo Chiniac, tendo assim ultrajado Jesus Cristo, nosso Salvador, ultraje

---
23. Lc 14, 23 e 26.
24. Mt 22, 12-13.

também seu vigário. "Não vejo, diz ele, como o papa ocupa o primeiro lugar entre os príncipes cristãos." Se esse homem tivesse assistido à sagração do imperador, teria visto o arcebispo de Mainz obter o primeiro lugar entre os eleitores; se tivesse jantado alguma vez com um bispo, veria que sempre dão a ele o lugar de honra; ele devia saber que, em toda Europa, as pessoas da Igreja são tratadas como as mulheres, com muita deferência: isso não significa que seja preciso beijar-lhes os pés, exceto talvez num arroubo de paixão. Mas voltemos ao pirronismo da história.

Capítulo XXX
Anedota histórica muito duvidosa

Du Haillan pretende, em um de seus opúsculos, que Carlos VIII não era filho de Luís XI; talvez seja essa a razão secreta pela qual Luís XI negligenciou sua educação e sempre se manteve afastado dele. Carlos VIII não se parecia com Luís XI nem de espírito nem de corpo. Enfim, a tradição podia servir de desculpa para Du Haillan; mas essa tradição era muito incerta, como quase todas o são. A falta de semelhança entre pais e filhos é ainda menos uma prova de ilegitimidade do que a semelhança é uma prova do contrário.

Que Luís XI detestasse Carlos VIII, isso não é em nada conclusivo. Um tão mau filho podia facilmente ser um mau pai. Mesmo que doze Du Haillan me assegurassem que Carlos VIII não nascera de Luís XI, eu não deveria acreditar neles cegamente. Um leitor prudente deve, parece-me, pronunciar como os juízes: *Pater est quem nuptiae demonstrant.*

Capítulo XXXI
Outra anedota ainda mais duvidosa

Dizem que a duquesa de Montpensier concedeu seus favores ao monge Jacques Clément para encorajá-lo a assassinar o rei. Teria sido mais hábil prometê-los do que concedê-los; mas não é assim que se incita um padre fanático ao parricídio: mostra-se a ele o céu, não uma mulher. Seu prior Bourgoin era bem mais capaz de determiná-lo que a maior beldade da Terra. Não havia nenhuma carta de amor em seu bolso quando matou o rei, mas muitas histórias de Judite e de Aod, rotas e ensebadas à força de terem sido lidas.

Capítulo XXXII
Sobre Henrique IV

Penso integralmente como o autor do *Essai sur les Moeurs* sobre a morte de Henrique IV; acredito que nem Jean Châtel nem Ravaillac tiveram algum cúmplice: seu crime era o crime do tempo; o clamor da religião foi seu único cúmplice. Não creio que Ravaillac tenha feito a viagem a Nápoles, nem que o jesuíta Alagona tenha predito, em Nápoles, a morte desse príncipe, como repete mais uma vez Chiniac. Os jesuítas nunca foram profetas: se tivessem sido, teriam predito a própria destruição; mas, ao contrário, os pobres coitados sempre garantiram que durariam até o fim dos séculos. Nunca se deve jurar nada.

Capítulo XXXIII
Sobre a abjuração de Henrique IV

Por mais que o jesuíta Daniel me diga, na sua muito árida e muito equivocada *História da França*, que Henrique IV, antes de abjurar, já era católico havia muito tempo, acreditarei mais no próprio Henrique IV que no jesuíta Daniel; sua carta à bela Gabriela: *Amanhã darei o perigoso salto*, prova ao menos que ainda tinha no coração algo além do catolicismo. Se seu grande coração estivesse havia muito tempo tão penetrado da graça eficaz, ele teria, talvez, dito à amante: *Esses bispos me edificam*; mas ele lhe diz: *Essas pessoas me aborrecem*. Essas palavras são as de um bom catecúmeno?

As cartas desse grande homem a Corisande d'Andouin, condessa de Grammont, não são um assunto para o pirronismo; ainda existem no original. O autor do *Essai sur les Moeurs et l'Esprit des nations* relata várias dessas interessantes cartas; eis alguns excertos curiosos: "Todos esses envenenadores são, todos, papistas. Descobri um matador para mim... Os pregadores romanos pregam alto e bom som que existe apenas uma morte a ser vista; admoestam todo bom católico a ter como exemplo o envenenamento do príncipe de Condé... E pertences a essa religião!... Se eu não fosse huguenote, tornar-me-ia turco."

É difícil, após todos esses testemunhos do punho de Henrique IV, persuadir-se de que foi católico de coração.

Capítulo XXXIV
Equívoco sobre Henrique IV

Um outro historiador moderno de Henrique IV acusa o duque de Lerme do assassinato desse herói. *É*, diz ele, *a opinião mais bem estabelecida*. É, evidentemente, a opinião mais mal estabelecida. Jamais se falou nisso na Espanha, e, na França, apenas o continuador do presidente De Thou deu algum crédito a essas suspeitas vagas e ridículas. Se o duque de Lerme, primeiro-ministro, se serviu de Ravaillac, pagou-o muito mal. O infeliz estava quase sem dinheiro quando o prenderam. Se o duque de Lerme o tivesse seduzido ou mandado seduzir com a promessa de uma recompensa proporcional ao atentado, certamente Ravaillac o teria citado, a ele e a seus emissários, mesmo que fosse somente para se vingar. Citou o jesuíta d'Aubigny, ao qual só mostrara uma faca. Por que teria poupado o duque de Lerme? Obstinação bem estranha esta de não acreditar em Ravaillac em seu interrogatório e nas torturas. Deve-se insultar uma grande casa espanhola sem o menor indício de provas?

E eis justamente como se escreve a história.

A nação espanhola não apela para esses crimes vergonhosos, e os grandes da Espanha tiveram em todos os tempos um orgulho generoso que não lhes permitiu aviltar-se a esse ponto.

Se Filipe II pôs a prêmio a cabeça do príncipe d'Orange, teve ao menos o pretexto de punir um súdito rebelde, como o parlamento de Paris pôs a cinqüenta mil escudos de prêmio a cabeça do almirante Coligny e, depois, a do cardeal Mazarino. Essas proscrições públicas faziam parte dos horrores das guerras civis; mas como o duque de Lerme se teria dirigido secretamente a um miserável como Ravaillac?

Capítulo XXXV
Equívoco sobre o marechal d'Ancre

O mesmo autor diz que "o marechal d'Ancre e sua mulher foram massacrados, por assim dizer, por um raio". O primeiro foi, na verdade, massacrado por um tiro de pistola e a segunda foi queimada na qualidade de bruxa. Um assassinato e uma sentença de morte pronunciada contra uma marechala da França, camareira da rainha, considerada feiticeira, não honram nem a cavalaria nem a jurisprudência daquela época. Mas não sei por que o historiador se exprime nestas palavras: "Se esses dois miseráveis não fossem cúmplices da morte do rei, mereceriam ao menos os mais rigorosos castigos. É certo que, mesmo em vida do rei, Concini e sua mulher tinham com a Espanha ligações contrárias aos desígnios do rei."

Isso não é de modo algum certo, não é nem mesmo verossímil. Eles eram florentinos; o grão-duque de Florença fora o primeiro a reconhecer Henrique IV; nada lhe era mais temível que o poder da Espanha na Itália; Concini e a mulher não tinham crédito na época de Henrique IV. Se houvessem urdido alguma trama aconselhados por Madri, só poderia ser em favor da rainha. O que significa acusar a rainha de ter traído o marido; e, mais uma vez, não é permitido inventar tais acusações sem provas. Como! Um escritor em sua mansarda pode pronunciar uma difamação que os mais esclarecidos juízes do reino estremeceriam de escutar em seus tribunais!

Por que chamar um marechal da França e sua mulher, camareira da rainha, de *esses dois miseráveis*? O marechal d'Ancre, que levantara um exército à sua própria custa contra os rebeldes, merece um epíteto adequado somente a Ravaillac, a Cartouche, aos ladrões públicos, aos caluniadores públicos?

Capítulo XXXVI
Reflexão

Nada mais verdadeiro do que dizer que basta um fanático para cometer um parricídio sem conspiração alguma. Damiens não participara de nenhuma. Repetiu quatro vezes no interrogatório que só cometeu seu crime por princípio de religião. Posso dizer que, tendo tido a oportunidade de conhecer os convulsionários, vi mais de vinte capazes de tal horror[25], tão atroz era sua demência! A religião mal compreendida é uma febre que a menor ocasião transforma em raiva.

Esquentar as cabeças é próprio do fanatismo. Quando o fogo que ferve os cérebros supersticiosos deita algumas fagulhas numa alma insensata e atroz, quando um ignorante furioso acredita imitar santamente Finéias, Aod, Judite e seus semelhantes, esse ignorante tem mais cúmplices do que pensa. Muitas pessoas incitaram-no, sem saber, ao parricídio. Algumas pessoas proferem palavras

---

25. Um entre outros que participaram do processo de Damiens.

indiscretas e violentas; um criado as repete, aumenta-as, *enfunesta-as* mais, como dizem os italianos; um Châtel, um Ravaillac, um Damiens as absorvem: os que as pronunciaram não desconfiam do mal que fizeram; são cúmplices involuntários, mas não houve nem complô, nem instigação. Em resumo, conhece-se muito mal o espírito humano, se ignora-se que o fanatismo torna a populaça capaz de tudo.

Capítulo XXXVII
Do delfim Francisco

O delfim Francisco, filho de Francisco I, joga péla; bebe muita água gelada enquanto transpira abundantemente; o imperador Carlos V é acusado de tê-lo envenenado! Como! O vencedor temeria o filho do vencido! Como! Teria mandado matar, na corte da França, o filho do homem de quem tomara duas províncias e teria desonrado toda a glória de sua vida com um crime infame e inútil! Teria envenenado o delfim deixando dois irmãos para o vingar! A acusação é absurda; assim, junto-me ao autor, sempre imparcial, do *Essai sur les Moeurs* etc., para execrar esse absurdo.

Mas o delfim Francisco tinha junto a ele um fidalgo italiano, um conde Montecuculli, que lhe servira a água gelada de que resultara uma pleurisia. Esse conde nascera como súdito de Carlos V; já falara com ele e, com base nisso, prendem-no e colocam-no sob tortura; médicos ignorantes afirmam que as contrações causadas pela água fria são provocadas pelo arsênico. Montecuculli é esquartejado e a França inteira chama de envenenador o vencedor de Solimão, o libertador da cristandade, o vencedor de Túnis, o maior homem da Europa! Que juízes condenaram Montecuculli? Não sei; nem Mézerai nem Daniel dizem. O presidente Hénault diz: "O delfim Francisco é envenenado por Montecuculli, seu escanção, não sem levantar suspeitas contra o imperador."

É claro que se deve ao menos duvidar do crime de Montecuculli: nem ele nem Carlos V tinham o menor interesse em cometê-lo. Montecuculli esperava uma grande fortuna de seu senhor, e o imperador nada tinha a temer de um jovem como Francisco. Esse processo funesto pode então ser incluído na infinidade das crueldades jurídicas que a embriaguez da opinião, da paixão e a ignorância prodigalizaram vezes sem conta contra os homens mais inocentes.

Capítulo XXXVIII
Sobre Samblançai

Não poderíamos incluir nessa mesma classe o suplício de Samblançai? O crime que lhe imputam é muito mais razoável que o de Montecuculli. É bem mais comum roubar um rei do que envenenar delfins. Entretanto, hoje, os historiadores sensatos duvidam que Samblançai fosse culpado. Foi julgado por comissários: o que já é uma grande presunção a seu favor. O ódio que lhe votava o chanceler Duprat é uma presunção ainda mais forte. Ficamos reduzidos, ao lermos os grandes processos criminais, a pelo menos suspender nosso juízo entre os condenados e os juízes, como provam as sentenças contra Jacques Coeur, contra Enguerrand de Marigny e tantos outros. Como se poderia então acreditar cegamente em mil anedotas narradas por historiadores, já que nem mesmo se pode acreditar em magistrados que examinaram os processos durante anos a fio? Não podemos deixar de fazer aqui uma reflexão sobre Francisco I. Qual era o caráter desse grande homem que manda enforcar o velho e inocente Samblançai, que ele chamava de pai? Que manda esquartejar um fidalgo italiano porque seus médicos são ignorantes; que priva o condestável de Bourbon de seus bens pela injustiça mais gritante; que, tendo sido vencido por ele e feito prisioneiro, coloca os dois filhos no cativeiro para ir rever Paris; que jura e mesmo promete, dando sua palavra de honra, devolver a Borgonha a Carlos V, seu vencedor, e que é obrigado a se desonrar por política; que concede aos turcos, em Marselha, a liberdade de exercer sua religião, e faz queimar em fogo brando, na praça da Estrapade, infelizes luteranos, ao mesmo tempo que os arma na Alemanha? Decerto fundou o colégio real, mas acaso seria grande por isso? Um colégio compensa tantos horrores e baixezas?

Capítulo XXXIX
Sobre os templários

E o que dizer do massacre eclesiástico jurídico dos templários? Seu suplício faz-nos estremecer de horror. A acusação deixa em nossos espíritos mais do que incerteza. Acredito bem mais em oitenta fidalgos que protestam, morrendo, sua inocência perante Deus do que em cinco ou seis padres que os condenam.

Capítulo XL
Sobre o papa Alexandre VI

O cardeal Bembo, Paul Jove, Tomasi e, finalmente, Guichardin parecem acreditar que o papa Alexandre VI morreu do veneno que preparara, em conluio com seu bastardo César Bórgia, para o cardeal Sant-Agnolo, para o cardeal de Cápua, para o de Modena e para vários outros; mas esses historiadores não afirmam isso positivamente. Todos os inimigos da Santa Sé abonaram essa horrível anedota. Sou como o autor do *Essai sur les Moeurs*; não acredito numa só palavra, e minha grande razão para isso é que ela não é de modo algum verossímil. O papa e seu bastardo eram incontestavelmente os dois maiores celerados entre as potências da Europa; mas não eram loucos.

É evidente que o envenenamento de uma dúzia de cardeais, durante a ceia, teria tornado pai e filho tão execráveis que nada poderia tê-los salvado do furor do povo romano e da Itália inteira. Tal crime jamais poderia ter sido escondido, mesmo que não tivesse sido punido pela Itália inteira conjurada; era, além disso, diretamente contrário às perspectivas de César Bórgia. O papa, seu pai, estava à beira da sepultura: Bórgia com suas intrigas poderia fazer eleger uma de suas criaturas; envenenar doze cardeais seria um meio de seduzi-los?

Finalmente, os registros da casa de Alexandre VI fazem-no morrer de uma intensa febre terçã, veneno suficientemente perigoso para um velho na casa dos setenta e três anos.

Capítulo XLI
Sobre Luís XIV

Suponhamos que daqui a cem anos quase todos os nossos livros estejam perdidos e que em alguma biblioteca da Alemanha sejam encontrados a *Histoire de Louis XIV* [História de Luís XIV] de La Hode, com o pseudônimo de La Martinière; o *La Dîme royale* [Dízimo real], de Boisguillebert, com o pseudônimo de marechal Vauban; os *Testaments de Colbert et de Louvois* [Testamentos de Colbert e de Louvois], fabricados por Gatien de Courtilz; a *Histoire de la régence du duc d'Orléans* [História da regência do duque de Orléans], do mesmo La Hode, outrora jesuíta; as *Mémoires de madame de Maintenon* [Memórias da senhora de Maintenon], de La Beaumelle, e cem outros ridículos romances dessa espécie. Suponhamos que, então, a língua francesa seja uma língua erudita nos confins da Alemanha: quantas exclamações os comentadores desse país não soltarão a respeito desses preciosos monumentos salvos das injúrias do tempo! Como poderiam não ver neles os arquivos da verdade? Todos os autores desses livros eram contemporâneos que não podiam ser nem enganados nem enganadores. É assim que raciocinarão. Essa simples reflexão não deveria nos inspirar um pouco de desconfiança sobre mais de um livro antigo?

Capítulo XLII
Equívocos e dúvidas

Quantos erros grosseiros, quantas tolices não são difundidos todos os dias nos livros que estão nas mãos de grandes e pequenos e mesmo de pessoas que mal sabem ler? O autor do *Essai sur les Moeurs et l'Esprit des nations* não nos mostra que são lançados todos os anos na Europa quatrocentos mil almanaques que nos indicam os dias adequados para sermos sangrados ou purgados, e que predizem a chuva? Que quase todos os livros sobre a economia rural ensinam a maneira de multiplicar o trigo e fazer os galos botarem? Não observou que, de Moscou a Estrasburgo e Basiléia, coloca-se nas mãos de todas as crianças a geografia de Hubner? E eis o que se ensina a elas nessa geografia:

Que *a Europa possui trinta milhões de habitantes*, enquanto é evidente que tem mais de cem milhões; que *não existe uma única légua de terra inabitada*, enquanto há mais de duzentas léguas de desertos no norte e mais de cem léguas de montanhas áridas ou cobertas de neves eternas, onde nem homem nem pássaro se detêm.

Ele ensina que "Júpiter se transformou em touro para colocar a Europa no mundo, mil e trezentos anos, contados dia por dia, antes de Jesus Cristo", e que, além disso, "todos os europeus descendem de Jafé".

Quantos detalhes sobre as cidades! O autor chega ao cúmulo de dizer, na cara dos romanos e de todos os viajantes, que a igreja de são Pedro *tem oitocentos e quarenta pés de comprimento*. Aumenta os domínios do papa como amplia sua igreja; dá a ele, liberalmente, o ducado de Benevento, apesar de ele nunca ter possuído mais do que a cidade; há poucas páginas em que não são encontrados semelhantes equívocos.

Se consultarmos os quadros de Lenglet, veremos ainda que Hatton, arcebispo de Mainz, foi acuado por ratos numa torre, pego pelos ratos, comido pelos ratos; que exércitos celestes combateram no ar e que dois exércitos de serpentes travaram, na Terra, uma sangrenta batalha.

Mais uma vez, se, em nosso século, que é o da razão, publicam-se tais misérias, o que não terá sido feito nos séculos das fábulas? Se imprimem publicamente, nas maiores capitais, tantas mentiras históricas, quantos absurdos não eram escritos obscuramente em pequenas províncias bárbaras, absurdos multiplicados com o tempo por copistas e autorizados em seguida por comentários?

Finalmente, se os fatos mais interessantes, mais terríveis, que acontecem sob nossa vista, são envolvidos por obscuridades impenetráveis, o que dizer dos fatos que têm vinte séculos de antiguidade? O grande Gustavo é morto na batalha de Lutzen; não se sabe se foi morto por um de seus próprios oficiais. Tiros de fuzis são disparados contra as carroças do grande Condé; ignora-se se essa manobra partiu da corte ou da Fronda. Muitos cidadãos importantes são assassinados no Hôtel de Ville nesses tempos infelizes; nunca se soube qual foi a facção responsável por esses crimes. Todos os grandes acontecimentos desse globo são como esse próprio globo: metade expõe-se à claridade enquanto a outra fica mergulhada na escuridão.

Capítulo XLIII
Absurdo e horror

Quando alguém se engana sobre o número de habitantes de um reino, seu dinheiro sonante, seu comércio, perde-se somente papel. Quando, no ócio das grandes cidades, alguém se engana sobre os trabalhos do campo, os lavradores nem ficam sabendo e vendem seu trigo aos comerciantes. Homens de gênio podem cair impunemente em alguns erros sobre a formação de um feto ou das montanhas; as mulheres continuam como podem a gerar crianças, e as montanhas permanecem nos devidos lugares.

Mas há um gênero de homens funesto ao gênero humano e que, por mais detestado que seja, ainda subsiste e subsistirá talvez mais alguns anos. Essa espécie bastarda é alimentada nas disputas da escola, que desnaturam o espírito e inflam o coração de orgulho. Indignados com a obscuridade à qual seu ofício os condena, lançam-se sobre as pessoas da sociedade que têm reputação, como outrora os mariolas de Londres se lançavam, aos socos, contra aqueles que passavam nas ruas com vestes com galões; são esses miseráveis que chamam o presidente de Montesquieu ímpio, o conselheiro de Estado La Mothe Le Vayer de deísta, o chanceler L'Hospital de ateu. Mil vezes desonrados, tornam-se apenas mais audaciosos, porque, sob a máscara da religião, acreditam poder molestar impunemente.

Por que fatalidade tantos teólogos, meus confrades, foram, entre todas as pessoas de letras, os mais atrevidos caluniadores, se é que se pode dar o título de homens de letras a esses fanáticos? É porque nada temem quando mentem. Se seus escritos polêmicos, soterrados na poeira das bibliotecas, pudessem ser lidos, veríamos continuamente a Sorbonne e as casas professas dos jesuítas serem transferidas para o mercado central.

Os jesuítas, principalmente, levaram a impudência aos últimos excessos, quando se tornaram poderosos; quando não escreviam cartas seladas*, escreviam libelos.

....

* As "cartas seladas" (*lettres de cachet*) eram cartas fechadas com o selo do rei e continham uma ordem de prisão ou de exílio sem julgamento. (N. da T.)

Somos obrigados a admitir que foram pessoas com esse abominável caráter que atraíram sobre seus confrades os golpes que os esmagaram, e que arruinaram para sempre uma ordem na qual houve homens respeitáveis. Temos que dizer que foram energúmenos como os Patouillet e os Nonotte que finalmente sublevaram toda a França contra os jesuítas. Quanto mais as pessoas hábeis dessa ordem tinham crédito na corte, mais os pequenos pedantes de seus colégios eram impudentes na cidade.

Um desses infelizes não se contentou em escrever contra todos os parlamentos do reino, no mesmo estilo com que Guignard escreveu contra Henrique IV; esse louco acaba de compor uma obra contra quase todas as pessoas de letras ilustres; e sempre no desígnio de vingar Deus que, contudo, parece abandonar um pouco os jesuítas. Chama sua rapsódia de *Antifilosófica*, e, de fato, ela o é; mas poderia chamá-la também de *Anti-humana, Anticristã*.

Pode-se acreditar que esse energúmeno, no verbete *Fanatismo*, faz o elogio desse furor diabólico? Parece ter mergulhado a pena no tinteiro de Ravaillac. Nero, ao menos, não fez o elogio do parricídio; Alexandre VI não glorificou o envenenamento e o assassinato. Os maiores fanáticos mascaravam seus furores sob o nome de um santo entusiasmo, de um divino zelo; enfim, temos *confitentem fanaticum*.

O monstro grita sem cessar: Deus! Deus! Deus! Excremento da natureza humana, na boca de quem o nome de Deus torna-se um sacrilégio; tu, que só o afirmas para ofendê-lo e que te tornas ainda mais culpado por tuas calúnias do que ridículo por teus absurdos; tu, desprezo e horror de todos os homens razoáveis, tu pronuncias o nome de Deus em todos os teus libelos, como soldados que fogem gritando *Viva o rei!*

Como! É em nome de Deus que calunias! Dizes que um homem muito conhecido, perante o qual não ousarias aparecer, conjurou em segredo com os padres de uma cidade célebre para ali estabelecer o socinianismo; dizes que esses padres vêm todas as noites cear na casa dele e lhe fornecem argumentos contra tuas tolices. Mentiste, meu reverendo padre: *mentiris impudentissime*, como dizia Pascal. As portas dessa cidade são fechadas antes da hora da ceia. Jamais padre algum dessa cidade ceou em seu castelo, que fica a duas léguas; ele não convive com nenhum deles, não conhece nenhum deles, como vinte mil homens podem atestar.

Pensas que os parlamentos conservaram para ti o privilégio de mentir, como se diz que os galerianos podem roubar impunemente.

Que raiva te leva a insultar, com as mais vis imposturas, um advogado do parlamento de Paris, célebre nas letras; e um dos primeiros sábios da Europa, honrado com a generosidade de uma cabeça coroada e que, com isso, honrou-se para sempre; e um homem tão ilustre por sua generosidade quanto por seu espírito, cuja respeitável esposa é parenta do mais nobre e mais digno ministro que a França já teve, e que tem filhos dignos do marido e dela?

És covarde o bastante para remexer nas cinzas do senhor de Montesquieu, a fim de ter a ocasião de falar de não sei que intrigante jesuíta irlandês chamado Routh, que foram obrigados a expulsar do quarto dele, no qual esse intruso se instalara como deputado da superstição e para se divertir, enquanto Montesquieu, cercado de sábios, morria como sábio. Jesuíta, insultas ao morto, depois que outro jesuíta ousou perturbar a última hora do moribundo; e queres que a posteridade te deteste, como o século presente te execra do México à Córsega.

Continua gritando: Deus! Deus! Deus! Ficarás parecendo o padre jesuíta irlandês que ia ser enforcado por ter roubado um cálice: "Vejam, dizia ele, como tratam os bons católicos que vêm à França pela religião!"

Cada século, cada nação teve seus Garasses. É incompreensível essa infinidade de calúnias devotamente vomitadas na Europa por bocas infectas que se dizem sagradas! Após o assassinato e o veneno, esse é o maior crime, e foi o mais comum.